# Historia

## Quinto grado

*Historia. Quinto grado* fue coordinado por personal académico de la Dirección General de Desarrollo Curricular y editado por la Dirección General de Materiales e Informática Educativa de la Subsecretaría de Educación Básica de la Secretaría de Educación Pública.

**Secretaría de Educación Pública**
Emilio Chuayffet Chemor

**Subsecretaría de Educación Básica**
Alba Martínez Olivé

**Dirección General de Desarrollo Curricular/Dirección General de Materiales e Informática Educativa**
Hugo Balbuena Corro

**Dirección General Adjunta para la Articulación Curricular de la Educación Básica**
María Guadalupe Fuentes Cardona

**Dirección General Adjunta de Materiales Educativos**
Laura Athié Juárez

**Coordinación general**
Hugo Balbuena Corro

**Coordinación académica**
María Guadalupe Fuentes Cardona, Felipe Bonilla Castillo

*Autores*
Carlos Alberto Reyes Tosqui, Amilcar Carpio Pérez, Lidia Leticia Osornio Manzano, Daniel Alatorre Reyes, Lorena Llanes Arenas, Sergio Miranda Pacheco y Mario Rafael Vázquez Olivera.

*Actualización y ajustes*
Verónica Arista Trejo (Coordinación), Mariana del Rocío Aguilar Bobadilla

*Revisión técnico pedagógica*
Verónica Arista Trejo, Enrique Bautista Rojas, Franco Pérez Rivera

**Coordinación editorial**
Dirección Editorial, DGMIE/SEP
Patricia Gómez Rivera

*Cuidado editorial*
Alejandro Rodríguez Vázquez, Olga Correa Inostroza

*Corrección de estilo*
Leopoldo Cervantes Ortiz

*Diseño gráfico*
Marion Sánchez Cañizares, Abraham Menes Núñez, Víctor Hugo Castañeda Flores

*Cartografía*
Urs Graf (pp. 41, 79 y 88)
Mountain High Maps Image(s) © 1993 Digital wisdom, Inc. (pp. 15, 22, 31 y 47).
José Luis Paniagua (pp. 115 y 163)

*Iconografía*
Diana Mayen Pérez, Irene León Coxtinica, Claudia Viridiana Navarro García

**Portada**
Diseño: Ediciones Acapulco
Ilustración: *La Patria*, Jorge González Camarena, 1962
          Óleo sobre tela, 120 x 160 cm
          Colección: Conaliteg
Fotografía: Enrique Bostelmann

Primera edición, 2014 (ciclo escolar 2014-2015)

D.R. © Secretaría de Educación Pública, 2014
      Argentina 28, Centro,
      06020, México, D. F.

ISBN: 978-607-514-810-6

Impreso en México
DISTRIBUCIÓN GRATUITA-PROHIBIDA SU VENTA

*Historia. Quinto grado*
se imprimió por encargo de la Comisión Nacional
de Libros de Texto Gratuitos, en los talleres de
Reproducciones Fotomecánicas, S.A. de C.V.,
con domicilio en calle Durazno 1,
Col. Las Peritas, Delegación Xochimilco,
C.P. 16010, México, D.F.,
en el mes de junio de 2014.
El tiraje fue de 2'895,000 ejemplares.

**Impreso en papel reciclado**

La SEP extiende un especial agradecimiento al Intituto Nacional de Antropología e Historia por su participación en esta edición, 2014 (ciclo escolar 2014-2015).

En los materiales dirigidos a las educadoras, las maestras, los maestros, las madres y los padres de familia de educación preescolar, primaria y secundaria, la Secretaría de Educación Pública (SEP) emplea los términos: niño(s), adolescentes, jóvenes, alumno(s), educadora(s), maestro(s) docente(s) y padres de familia aludiendo a ambos géneros, con la finalidad de facilitar la lectura Sin embargo, este criterio editorial no demerita los compromisos que la SEP asume en cada una de las acciones encaminadas a consolidar la equidad de género.

*La Patria* (1962),
Jorge González Camarena.

Esta obra ilustró la portada de los primeros libros de texto. Hoy la reproducimos aquí para mostrarte lo que entonces era una aspiración: que los libros de texto estuvieran entre los legados que la Patria deja a sus hijos.

El libro de texto que tienes en tus manos fue elaborado por la Secretaría de Educación Pública para ayudarte a estudiar y para que leyéndolo conozcas más de las personas y del mundo que te rodea.

Además del libro de texto hay otros materiales diseñados para que los estudies y los comprendas con tu familia, como los Libros del Rincón.

¿Ya viste que en tu escuela hay una biblioteca escolar? Todos esos libros están ahí para que, como un explorador, visites sus páginas y descubras lugares y épocas que quizá no imaginabas. Leer sirve para tomar decisiones, para disfrutar, pero sobre todo sirve para aprender.

Conforme avancen las clases a lo largo del ciclo escolar, tus profesores profundizarán en los temas que se explican en este libro con el apoyo de grabaciones de audio, videos o páginas de internet, y te orientarán día a día para que aprendas por tu cuenta sobre las cosas que más te interesan.

En este libro encontrarás ilustraciones, fotografías y pinturas que acompañan a los textos y que, por sí mismas, son fuentes de información. Al observarlas notarás que hay diferentes formas de crear imágenes. Tal vez te des cuenta de cuál es tu favorita.

Las escuelas de México y los materiales educativos están transformándose. ¡Invita a tus papás a que revisen tus tareas! Platícales lo que haces en la escuela y pídeles que hablen con tus profesores sobre ti. ¿Por qué no pruebas leer con ellos tus libros? Muchos padres de familia y maestros participaron en su creación, trabajando con editores, investigadores y especialistas en las diferentes asignaturas.

Como ves, la experiencia, el trabajo y el conocimiento de muchas personas hicieron posible que este libro llegara a ti. Pero la verdadera vida de estas páginas comienza apenas ahora, contigo. Los libros son los mejores compañeros de viaje que pueden tenerse. ¡Que tengas éxito, explorador!

Visita nuestro portal en <http://basica.sep.gob.mx>.

# ÍNDICE

4

# ÍNDICE

**Hola,** ¿sabes que somos historia y que estamos hechos de historias? Los seres humanos, la cultura nuestro mundo hemos sido formados por las acciones que han hecho las personas en el pasado. El aprendizaje de la historia a través de ubicar cuándo y dónde ocurrieron los hechos históricos, de investigar en fuentes y de conocer lo que ha cambiado y lo que aún permanece en el presente, te ofrece elementos para conocer la sociedad en que vives, conformar tu identidad como mexicano y contribuir en tu formación como un ser humano comprometido con tu país.

Tu libro de *Historia. Quinto grado* te acercará al estudio de la historia de nuestro país desde los primeros pobladores hasta la consumación de la Independencia. Deseamos que este libro te acompañe a lo largo del ciclo escolar para despertar tu gusto por el conocimiento del pasado y que seas parte de una generación que valora la riqueza de nuestro patrimonio histórico.

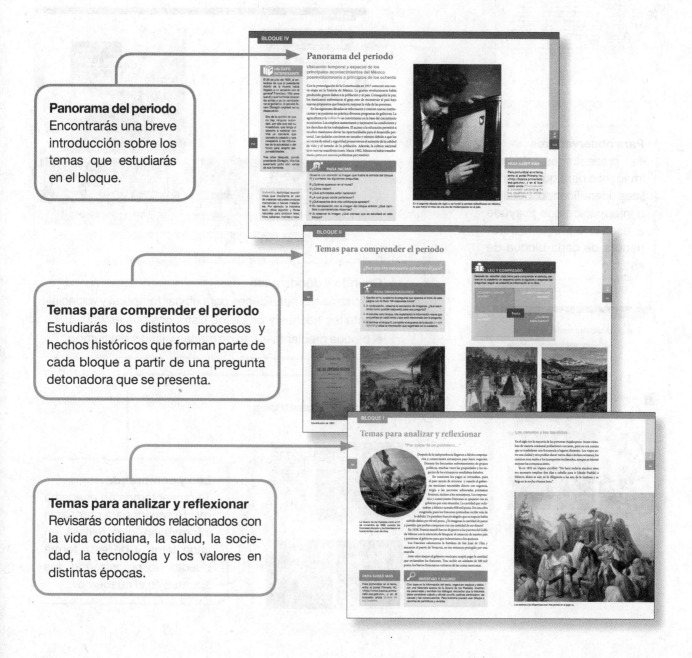

**Panorama del periodo**
Encontrarás una breve introducción sobre los temas que estudiarás en el bloque.

**Temas para comprender el periodo**
Estudiarás los distintos procesos y hechos históricos que forman parte de cada bloque a partir de una pregunta detonadora que se presenta.

**Temas para analizar y reflexionar**
Revisarás contenidos relacionados con la vida cotidiana, la salud, la sociedad, la tecnología y los valores en distintas épocas.

También encontrarás dentro de cada bloque diferentes secciones para realizar actividades o para complementar información que puede ser de utilidad para el estudio de la historia, como:

## Para iniciar

Aparece al comenzar cada bloque de estudio y te ayuda a recordar lo que puedes saber de los hechos y procesos históricos que estudiarás a partir de observar la imagen que ilustra la entrada del bloque.

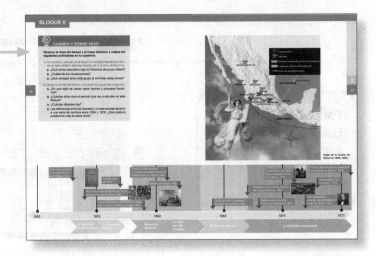

## Para observadores

Te presentamos algunas imágenes para que las analices identificando detalles o información que te ayude a resolver la pregunta detonadora de cada bloque de estudio.

## Cuándo y dónde pasó

Ejercitarás tus habilidades para ubicar temporal y espacialmente los hechos y procesos históricos que estudiarás en el bloque mediante el uso de mapas y líneas del tiempo.

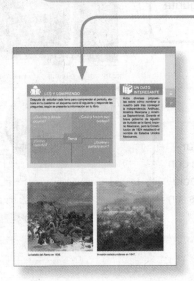

## Leo y comprendo

Te presentamos un esquema que te servirá para ordenar la información que revises en cada tema y de esta forma puedas ir organizando tus apuntes en el cuaderno.

## Investigo y valoro
Actividades que te permitirán desarrollar tus habilidades para investigar y compartir con tus compañeros información de temas históricos que han dejado un legado cultural a nuestra sociedad.

## Comprendo y aplico
Son actividades para que pongas en práctica tus conocimientos y habilidades de los temas estudiados.

## Para saber más
Hallarás recomendaciones para que profundices en los temas a través de la consulta de fuentes como libros de la Biblioteca Escolar, audios, videos y otros recursos que se encuentran en el portal Primaria TIC.

## Glosario
Te ayudará a conocer el significado de palabras o conceptos históricos que se encuentran en los temas que estudiarás.

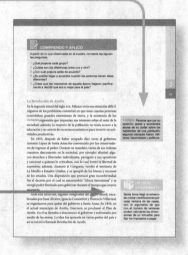

## Un dato interesante
Encontrarás información curiosa acerca de algunos personajes, sucesos y hechos históricos.

## Evaluación
Encontrarás una serie de actividades finales que te permitirán poner a prueba tus conocimientos de los temas que estudiaste.

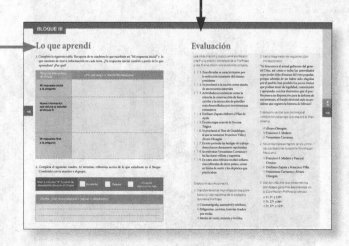

## Lo que aprendí
Organizarás la información que aprendiste a lo largo del estudio de cada bloque, te permitirá reflexionar sobre tu desempeño y lo que requieres para mejorar o mantener tu rendimiento.

9

# BLOQUE I

Los primeros años de
vida independiente

Solemne y pacífica entrada del Ejército de las Tres Garantías a la ciudad de México el 27 de septiembre del memorable año de 1821, anónimo, Museo Nacional de Historia.

# Panorama del periodo

## Ubicación temporal y espacial de los procesos del México independiente en la primera mitad del siglo XIX

## PARA INICIAR

1. La imagen que ilustra el bloque I muestra la entrada triunfal del Ejército Trigarante a la ciudad de México.

Conforme a las indicaciones del profesor, contesta las siguientes preguntas en tu cuaderno:

- ¿De qué trata la imagen?
- ¿Por qué crees que están reunidas las personas?
- ¿Cómo crees que se sienten las personas que están ahí? ¿Por qué?
- ¿Qué crees que festejan?
- ¿A qué grupos sociales crees que pertenecen?
- ¿Qué personajes destacan en la pintura?
- ¿Cuál es la actitud de las otras personas hacia ellos? ¿Cómo lo puedes saber?

A partir de lo observado, escribe en tu cuaderno un párrafo en el que describas cómo creés que sería la vida de las personas de la imagen en las siguientes décadas. Comparte tu opinión con un compañero de tu grupo para ver si coinciden. ¿Cuál sería la más acertada si al parecer la gente aparece muy contenta en la imagen?

En 1821, México proclamó su independencia de España. En cuarto grado estudiaste los antecedentes y el desarrollo de dicho proceso. Ahora conocerás sus consecuencias inmediatas, especialmente los problemas que tuvo el país durante la primera mitad del siglo XIX.

En este periodo hubo numerosos conflictos políticos que produjeron hechos violentos que a su vez dificultaron la formación de un gobierno estable, y por ello, entre 1821 y 1851, nuestro país tuvo más de 20 presidentes. Como resultado, se afectaron otros ámbitos de la vida nacional: la economía se estancó, aumentó la inseguridad en los caminos y, debido al descontento social, se originaron rebeliones, sobre todo entre los pueblos indígenas.

En cuanto al territorio nacional, a lo largo de estos años sufrió modificaciones de gran importancia, cuyas consecuencias aún perduran. Durante el Imperio de Iturbide, México tuvo su mayor extensión territorial ya que se habían incorporado provincias de Centroamérica. Posteriormente, en 1824 la división era de 19 estados, 5 territorios y se creó el Distrito Federal; además, Chiapas se unió de manera definitiva a nuestro país en 1825. Luego vino la separación de Texas en 1836 y, por último, la mayor pérdida de territorio tras el fin de la guerra con Estados Unidos en 1848.

Después de once años de guerra, los caminos del país se encontraban en un verdadero caos. Los bandidos aprovecharon esta situación para hacer de las suyas. *Salteador de diligencias*, 1831-1833, Juan Mauricio Rugendas, Museo Nacional de Historia.

## CUÁNDO Y DÓNDE PASÓ

Responde en tu cuaderno las siguientes preguntas.

De acuerdo con la línea del tiempo:

1. ¿En qué siglo inició la vida independiente de México?
2. ¿Cuántas décadas abarcó el periodo que estudiarás en este bloque?
3. ¿Qué formas de gobierno hubo en este periodo?
4. Identifica en qué años otros países invadieron México.
5. ¿Cuál era el sistema de gobierno en México cuando Texas proclamó su independencia?
6. ¿Cuál de los siguientes acontecimientos ocurrió primero: la intervención norteamericana o la llamada Guerra de los Pasteles?

De acuerdo con el mapa:

Observa el mapa del territorio que llegó a tener México durante el Imperio de Iturbide y compáralo con otro del México actual.

1. ¿Qué extensión tenía México al inicio de su vida independiente?
2. ¿Qué cambió?
3. ¿Qué permaneció?
4. ¿Qué estados reconoces en el mapa del Imperio respecto de los que hay actualmente?

Al terminar, comparte tus ideas con tu profesor y el grupo.

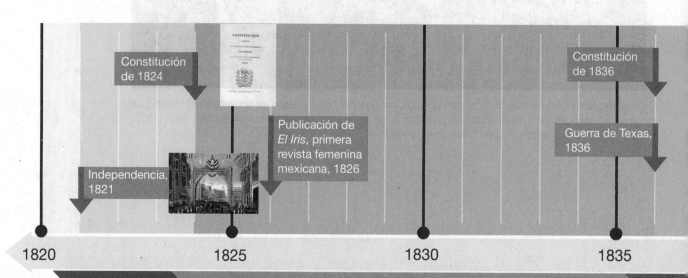

Constitución de 1824

Constitución de 1836

Publicación de *El Iris*, primera revista femenina mexicana, 1826

Guerra de Texas, 1836

Independencia, 1821

1820     1825     1830     1835

Primer Imperio     República federal

## El primer imperio (1823)

ESTADOS UNIDOS DE AMÉRICA

Río Colorado

Río Arkansas

NUEVO MÉXICO

Río Rojo

Río Gila

SONORA

Río Bravo

Río Pecos

TEXAS

Río Sabinas

CALIFORNIAS

NUEVA VIZCAYA

Río Nueces

COAHUILA

NUEVO REINO DE LEÓN

NUEVO SANTANDER

GOLFO DE MÉXICO

ZACATECAS

SAN LUIS POTOSÍ

GUADALAJARA

GTO.

QRO.

MÉRIDA DE YUCATÁN

MICHOACÁN

MÉXICO

TLAX.

VERACRUZ

PUEBLA

OAXACA

CHIAPAS

GUATEMALA

HONDURAS

EL SALVADOR

NICARAGUA

OCÉANO PACÍFICO

COSTA RICA

OCÉANO ATLÁNTICO

CUBA

MAR CARIBE

**Leyenda:**
— Límite aproximado de provincias
■ Provincias
Provincias divididas:
■ Veracruz
■ Zacatecas

Durante el Imperio de Iturbide, con la incorporación de las provincias de Centroamérica, México alcanzó su mayor extensión. El águila coronada figuró como escudo en la bandera del Imperio.

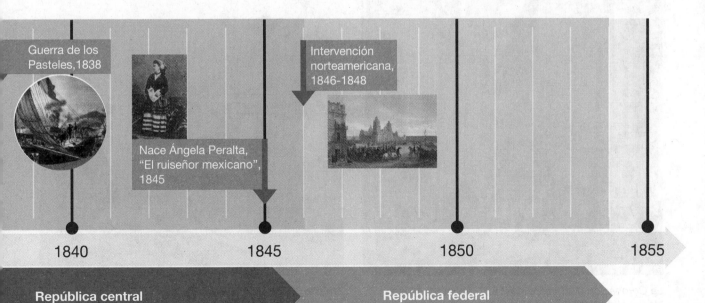

Guerra de los Pasteles, 1838

Intervención norteamericana, 1846-1848

Nace Ángela Peralta, "El ruiseñor mexicano", 1845

1840  1845  1850  1855

**República central**  **República federal**

# Temas para comprender el periodo

¿Cuáles fueron las causas que limitaron el desarrollo de México en las primeras décadas de vida independiente?

**PARA OBSERVADORES**

1. Escribe en tu cuaderno la pregunta que aparece al inicio de esta página con el título "Mi respuesta inicial".

2. A continuación, observa la secuencia de imágenes. ¿Qué escribirías como posible respuesta para esa pregunta?

3. Al estudiar este bloque, irás registrando la información nueva que encuentres en cada tema y que esté relacionada con la pregunta.

4. Al terminar el bloque I, completa el esquema de la sección Lo que aprendí y utiliza la información que registraste en tu cuaderno.

*La Coronación de Iturbide*, ca. 1822, anónimo, Museo Nacional de Historia.

*Arrieros*, 1836, Carl Nebel.

**LEO Y COMPRENDO**

Después de estudiar cada tema para comprender el periodo, elabora en tu cuaderno un esquema como el siguiente y responde las preguntas, según se presente la información en tu libro.

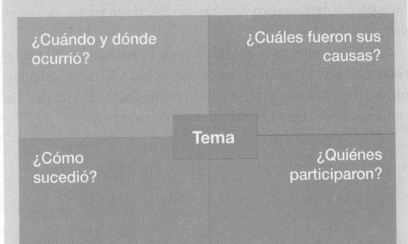

¿Cuándo y dónde ocurrió?

¿Cuáles fueron sus causas?

**Tema**

¿Cómo sucedió?

¿Quiénes participaron?

 **UN DATO INTERESANTE**

Hubo diversas propuestas sobre cómo nombrar a nuestro país tras conseguir la independencia: Anáhuac, América Mexicana y América Septentrional. Durante el breve gobierno de Agustín de Iturbide se le llamó Imperio Mexicano, pero la Constitución de 1824 estableció el nombre de Estados Unidos Mexicanos.

La batalla del Álamo en 1836.

Invasión estadounidense en 1847.

## México al término de la guerra de Independencia

La consumación de la independencia puso fin a un largo periodo de dominación española y marcó el inicio de una nueva etapa en nuestra historia. Al separarse de España, México se convirtió en un país soberano; es decir, libre del dominio extranjero. Por primera vez, los mexicanos hicieron sus propias leyes y eligieron a sus gobernantes. Era una oportunidad para mejorar la economía, establecer un gobierno democrático y acabar con las injusticias sociales heredadas del Virreinato.

Muchos compatriotas consideraron la consumación de la independencia como el inicio de un tiempo de paz y bienestar. Algunos incluso pensaron que la nueva nación estaba destinada a ser rica; sin embargo, desde el principio el país tuvo dificultades.

**Soberanía.** Facultad de ejercer libremente la decisión para elegir a sus gobernantes.

*Vista de la mina de Veta Grande,* cerca de Zacatecas, 1836, Carl Nebel.

La guerra entre insurgentes y realistas había causado enormes pérdidas humanas y económicas. Durante los once años que duró, el conflicto cobró la vida de más de medio millón de personas, arruinó a comerciantes y agricultores y causó la destrucción de numerosos pueblos, haciendas y minas. Debido a ello, la economía del país estaba muy debilitada. La hacienda pública tampoco tenía recursos; de hecho, el gobierno nacional no tenía dinero.

Esta situación económica se sumó a otros graves problemas que habían surgido desde los tiempos de la dominación española: México era un país muy grande y estaba mal comunicado; los caminos se hallaban en malas condiciones y abundaban los bandidos, lo cual dificultaba mucho el transporte de carga y de pasajeros.

Después de la independencia, la producción agropecuaria y la explotación minera disminuyeron en relación con las últimas décadas del periodo colonial. Muchos campesinos producían sólo sus propios alimentos. Esta agricultura de subsistencia era suficiente para sostener a las familias, pero no contribuyó al crecimiento económico del país. La disminución de la actividad económica afectó seriamente los ingresos del gobierno. Asimismo, debido a la desorganización, no existía una eficiente recaudación de impuestos, y para pagar sus gastos el gobierno se endeudó con prestamistas particulares y bancos extranjeros, lo cual generó graves problemas financieros y políticos.

Por otro lado, la sociedad estaba dividida, pues gran parte de la población era pobre mientras que una minoría disfrutaba de abundantes riquezas. Más de la mitad de la población era indígena y padecía los abusos y la discriminación de otros grupos sociales. Las leyes creadas después de la independencia, lejos de brindarles protección, los afectaron de distintas maneras, al favorecer que los hacendados y rancheros mestizos los despojaran de sus tierras. En lugares como Sonora y Yucatán se produjeron violentas rebeliones indígenas que duraron muchos años.

Hacienda pública. Dinero con el que cuenta el gobierno y que emplea para pagar los salarios de sus trabajadores, las obras públicas y diversos servicios necesarios en la comunidad.

**Guerra civil.** Lucha armada en la que combaten entre sí los habitantes de un mismo pueblo o nación.

Además, después de la independencia los grupos políticos del país entraron en conflicto a causa de sus diferencias sobre la forma de gobierno que debía establecerse, la elección de presidentes y gobernadores, y por las reformas sociales que trataron de impulsar algunos líderes políticos.

Como resultado de los desacuerdos, las primeras décadas de vida independiente se caracterizaron por la desorganización del gobierno, la guerra civil, la incapacidad para resolver los problemas económicos y la falta de unidad, que impidieron enfrentar con éxito las agresiones extranjeras.

Para mediados del siglo XIX los ideales y proyectos de los impulsores de la independencia se hallaban en crisis: ¿el México independiente era más próspero y más justo que el antiguo Virreinato? ¿Valió la pena separarse de España? Mucha gente de aquella época se hacía éstas y otras preguntas.

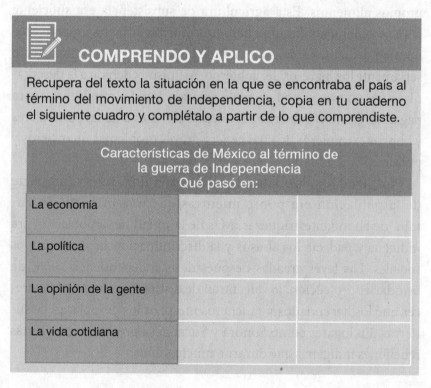

## COMPRENDO Y APLICO

Recupera del texto la situación en la que se encontraba el país al término del movimiento de Independencia, copia en tu cuaderno el siguiente cuadro y complétalo a partir de lo que comprendiste.

| Características de México al término de la guerra de Independencia Qué pasó en: | | |
|---|---|---|
| La economía | | |
| La política | | |
| La opinión de la gente | | |
| La vida cotidiana | | |

## Luchas internas y los primeros gobiernos: federalistas y centralistas

Tras la consumación de la independencia, los mexicanos enfrentaron dos desafíos políticos: fundar un sistema de gobierno propio y hacer leyes para el nuevo país. Como recordarás, la independencia fue posible gracias a un acuerdo entre distintos grupos sociales y políticos. Este pacto lo encabezaron Agustín de Iturbide y Vicente Guerrero, quienes concretaron el Plan de Iguala.

Según ese plan, México sería gobernado por una monarquía constitucional. Esto significaba que debía haber un rey, pero éste no gobernaría según sus deseos, sino con base en una constitución. También se planteó la división de poderes, en la que existiría un congreso o cámara de diputados encargado de elaborar las leyes y supervisar al gobierno, y se formarían tribunales para impartir justicia.

La idea de que el país tuviera un gobierno monárquico fue compartida por gran parte de los mexicanos; por ello, a este grupo se le conoció como *monarquista*. Hoy parecería muy extraño que en lugar de presidente tuviéramos un rey, pero en ese momento muchos pensaron que era una buena opción para mantener la unidad y la paz interna.

Bandera del Imperio de Agustín de Iturbide, *ca.* 1822-1823, Museo Nacional de Historia.

Vicente Guerrero pactó la Independencia con Agustín de Iturbide.

Según el Plan de Iguala, el trono de México debía ser ocupado por un príncipe español; de este modo se esperaba mantener las relaciones con España y el resto de Europa.

Los habitantes del país recibieron con entusiasmo la fundación del Imperio Mexicano. Las provincias eligieron diputados, quienes se reunieron para redactar la Constitución. Las provincias de Centroamérica se unieron al Imperio y gracias a ello el país llegó a tener una extensión inmensa, desde California hasta la actual Costa Rica.

Sin embargo, el Imperio no resultó como se esperaba: España no aceptó enviar un príncipe al trono de México porque no reconocía la independencia; ante esta situación, el Congreso nombró emperador a Iturbide, pero tal hecho causó problemas, pues si bien muchas personas lo admiraban como líder político y militar, muy pocos aceptaron que se convirtiera en monarca.

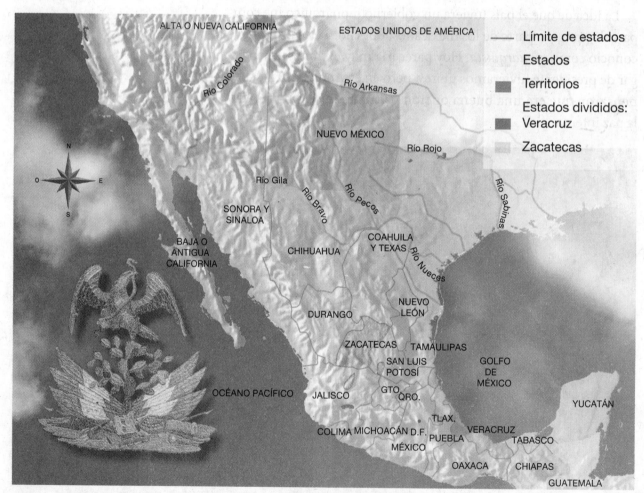

Primera división política de la República (1824). En la Constitución de 1824, la primera del México independiente, queda asentada su división en 19 estados, 5 territorios y se creó el Distrito Federal. El águila fue pintada en la Bandera del primer Batallón Ligero de Jalisco, creado tras la caída del Primer Imperio.

Iturbide entró en conflicto con el Congreso y mandó encarcelar a varios diputados. Antiguos insurgentes, como Vicente Guerrero y Nicolás Bravo, se levantaron en armas. También una parte del ejército mexicano y las autoridades de varias provincias se declararon en contra del emperador. Finalmente, en marzo de 1823, Iturbide renunció a su cargo y abandonó el país.

Después del fracaso del Imperio se acordó establecer una república; no obstante, hubo varios desacuerdos sobre qué tipo de república debía ser: federalista o centralista.

En el cuadro comparativo de la página 24 se exponen algunas características de cada sistema de gobierno y los años que estuvieron vigentes.

Finalmente, el Congreso decidió modificar el sistema de gobierno y convirtió a México en una república federal; este cambio quedó establecido en la Constitución de 1824, primera carta magna de nuestro país.

Constitución. Es la ley más importante de los mexicanos. Nos dice cómo debemos comportarnos, vivir juntos en nuestro territorio y encontrar soluciones a nuestros problemas y, también, la manera como debe funcionar nuestro gobierno.

## PARA SABER MÁS

Para profundizar en el tema consulta el libro Conoce nuestra Constitución.

CONSTITUCION

FEDERAL

DE LOS ESTADOS UNIDOS MEXICANOS.

SANCIONADA

POR EL CONGRESO GENERAL CONSTITUYENTE,

EL 4 DE OCTUBRE DE

1824.

IMPRENTA DEL SUPREMO GOBIERNO DE LOS ESTADOS-UNIDOS MEXICANOS, EN PALACIO.

Constitución Federal de los Estados Unidos Mexicanos, 1824.

**COMPRENDO Y APLICO**

Con base en la información que se presenta en el cuadro comparativo, explica en tu cuaderno las diferencias entre federalistas y centralistas, en los siguientes aspectos: los poderes, la organización del territorio, la representación y quiénes iban a elegir a los representantes.

| REPÚBLICA | |
|---|---|
| **Federalista** | **Centralista** |
| 1824-1835 / 1846-1853 | 1835-1846 |
| Tres poderes: Ejecutivo, Legislativo y Judicial | Cuatro poderes: Ejecutivo, Legislativo, Judicial y Supremo Poder Conservador |
| Estados libres y soberanos: 19 estados, 5 territorios y el Distrito Federal. | Departamentos con gobernantes elegidos por el presidente. |
| Cámara de Diputados y Cámara de Senadores. | Una Junta o asamblea departamental con poderes limitados para legislar. |
| Consideraba a todos los varones adultos como electores. | Definía el número de electores de acuerdo con sus ingresos monetarios. |

Con el nuevo sistema, las provincias se convirtieron en estados. A partir de entonces, cada uno pudo contar con un gobierno, un congreso y una constitución propios. Los estados podían tomar decisiones acerca de su organización política interna, como parte de las facultades que les otorgó la Constitución de 1824.

El primer presidente de la República fue Guadalupe Victoria, un antiguo insurgente que ganó las elecciones en 1824. Durante su mandato, el país se mantuvo en calma; eso permitió al gobierno impulsar la educación y obtener préstamos del extranjero para mejorar la economía.

En 1829, Vicente Guerrero sucedió en la presidencia a Guadalupe Victoria, y tuvo que combatir a sus opositores para poder gobernar. Como mandatario, Guerrero enfrentó con éxito un intento de reconquista española en 1829. Otras acciones de su gobierno fueron hacer efectiva la abolición de la esclavitud y expulsar a muchos españoles que vivían en el país. Esta última disposición agravó la división entre los dirigentes políticos. El vicepresidente, Anastasio Bustamante, aprovechó la situación para derrocar a Guerrero y ocupar la presidencia. Guerrero fue capturado y fusilado en Oaxaca en 1831.

En los años siguientes, los distintos grupos políticos se disputarían la presidencia, la mayoría de las veces en forma violenta y sin respetar la Constitución.

## Los intereses extranjeros y el reconocimiento de México

En la actualidad, México cuenta con el respeto y la amistad de numerosos países, pero esto no fue así en los inicios de su vida independiente. Por el contrario, nuestro país tuvo que hacer grandes esfuerzos para que otras naciones del mundo reconocieran su existencia como país soberano y respetaran sus derechos.

Tras la consumación de la Independencia, España adoptó una actitud de rechazo hacia México. En el fuerte de San Juan de Ulúa, en Veracruz, existía un grupo de españoles que se negaban a reconocer nuestra independencia. Ante esta situación, la Marina de Guerra Nacional, al mando del capitán de fragata Pedro Sainz de Baranda, consiguió que los españoles **capitularan** en noviembre de 1825; con ello se consolidó la independencia de México. Sin embargo, en 1829 una expedición española desembarcó en las costas de Tamaulipas, pero fue derrotada por el ejército nacional. Después de este fracaso, el gobierno español quedó convencido de que no podría reconquistar México y en 1836 reconoció, por fin, su independencia.

**Capitular.** Abandonar una pugna o discusión por cansancio o por la fuerza de los argumentos contrarios.

*Las últimas fuerzas españolas evacuando con honor el Castillo de San Juan de Ulúa, 1915,* José Clemente Orozco, Museo Histórico Naval de la Ciudad de México.

Guadalupe Victoria, primer presidente de México.

Debido a compromisos políticos con España, el gobierno de Francia tampoco reconoció oficialmente la independencia de México. No obstante, mantuvo relaciones comerciales con nuestro país, pues le interesaba comprar nuestros productos y, sobre todo, vender sus mercancías. Empresarios y comerciantes franceses se instalaron en distintas ciudades, como Puebla, Veracruz, Guadalajara y México. Igual que a muchos otros extranjeros, el gobierno les brindó facilidades para abrir sus negocios. En el aspecto económico, su presencia fue positiva, pero en el terreno diplomático dio lugar a graves problemas como fue el caso de la llamada Guerra de los Pasteles (1838-1839).

Aunque en la primera mitad del siglo XIX Francia estaba más interesada en comerciar con México, algunos comerciantes y diplomáticos franceses comenzaron a ser atraídos por los asuntos políticos: apoyaban la idea de que en México volviera a establecerse un gobierno monárquico, como en tiempos de Iturbide, al cual ayudarían con tropas y dinero; a cambio, esperaban recibir ventajas especiales para hacer negocios.

Después de la independencia, Inglaterra se volvió uno de los principales prestamistas de México; eso permitió funcionar al gobierno de Guadalupe Victoria, pero provocó un endeudamiento que se prolongaría durante las siguientes décadas debido a que los diferentes gobiernos no tenían recursos suficientes para pagar. En 1825, Inglaterra reconoció la independencia de México y se firmó un tratado comercial; así, llegarían a México inversionistas ingleses interesados en las minas (que se encontraban abandonadas e inundadas desde la guerra de Independencia). Tales acciones ayudarían mucho a la economía.

Estados Unidos fue uno de los primeros países que reconocieron la independencia de México. Esto era muy importante para nuestro país, pues se trataba de una república vecina que había luchado contra Inglaterra para obtener su independencia y, además, tenía una economía bastante próspera.

Al igual que otras naciones como Francia, Holanda e Inglaterra, Estados Unidos estaba muy interesado en el comercio con México. Pero también algunos estadounidenses ambicionaban adquirir una porción del territorio nacional y tenían la mirada puesta en la provincia de Texas.

Desde su independencia de Inglaterra, en 1776, la población de Estados Unidos creció considerablemente, hacia principios del siglo XIX ya se había duplicado y continuaba en aumento, por lo que había miles de personas dispuestas a colonizar nuevos territorios. Además de apropiarse de las tierras que ocupaban los pueblos indígenas, el gobierno estadounidense compró el territorio de Luisiana a los franceses y arrebató la Florida a los españoles. De este modo sus fronteras se extendieron hasta los límites de Texas.

Texas contaba con unos cuantos habitantes; debido a esta situación el gobierno mexicano permitió que se establecieran allí algunos colonos provenientes de Estados Unidos, con la condición de que respetaran las leyes del país y fueran católicos. No tardó en llegar un gran número de inmigrantes, lo cual llevó a que hacia 1834 vivieran en Texas 30 mil extranjeros y sólo un poco más de tres mil mexicanos. Las diferencias entre ambos grupos estaban muy marcadas. Los colonos extranjeros tenían costumbres propias: no hablaban español, no eran católicos y tenían esclavos, lo cual iba en contra de las leyes de nuestro país.

En diversas ocasiones Estados Unidos le propuso a México comprar Texas, pero el gobierno rechazó esa propuesta porque consideraba que vender una parte del territorio nacional era una traición a la patria.

## COMPRENDO Y APLICO

Escribe en tu cuaderno las respuestas a las siguientes preguntas.

- ¿Qué acontecimiento favoreció que España reconociera la independencia de nuestro país?
- ¿Por qué Francia estaba interesada en restablecer un gobierno monárquico en México?
- ¿Qué razones hicieron que algunos colonos de Estados Unidos se establecieron en Texas?

## Un vecino en expansión

### La separación de Texas

Al iniciar la década de 1830 la situación de Texas era preocupante: año con año cruzaban la frontera miles de estadounidenses que se instalaban de forma ilegal en aquel territorio sin que el gobierno pudiera impedirlo. Los colonos desafiaban las leyes de la república y a las autoridades mexicanas, y muchos de ellos deseaban separar a Texas de México.

A finales de 1835, el Congreso decidió convertir al país en una república centralista. Esto causó descontento en algunos estados y sirvió de pretexto a los colonos texanos para consumar su propósito, así que se declararon independientes argumentando que ellos habían jurado la Constitución federal de 1824 y no estaban obligados a ser parte de un país que había cambiado su forma de gobierno.

A principios del año siguiente, Antonio López de Santa Anna, al frente del ejército, marchó hacia Texas con la intención de someter a los colonos rebeldes. Tras algunos triunfos (como la toma del fuerte de El Álamo) fue derrotado y capturado en la batalla de San Jacinto, en abril de 1836. Mientras estaba prisionero firmó un acuerdo en el que aceptaba la independencia de Texas y ordenó la retirada de las tropas mexicanas.

El Congreso se negó a aceptar este convenio y consideró que Texas continuaba siendo parte del país. El gobierno mexicano no tenía recursos para financiar una nueva campaña militar contra los separatistas. Finalmente, los texanos declararon su independencia y formaron una república, pero en 1845 Texas terminó por convertirse en un estado más de la Unión Americana, lo cual generó un conflicto entre ambos países.

A principios del siglo XIX inmigrantes angloamericanos comenzaron a emigrar a Texas.

## La guerra con Estados Unidos

Una vez que Texas se incorporó a Estados Unidos, este país buscó extender sus dominios hasta las costas del Pacífico. Para conseguirlo propuso a México la compra de Nuevo México y California, pero el gobierno se negó a vender esos territorios. Ante esto, el gobierno estadounidense planeó conseguirlos militarmente.

A pesar de esta amenaza, los grupos políticos mexicanos no suspendieron sus disputas; por el contrario, siguieron enfrentados entre sí. En tales circunstancias resultaba muy difícil enfrentar con éxito a un enemigo mejor preparado para la guerra.

Los primeros enfrentamientos se produjeron en abril de 1846 en la frontera entre Texas y Tamaulipas. En mayo, Estados Unidos le declaró la guerra a México. Durante los meses siguientes los soldados estadounidenses invadieron nuestro país por dos frentes: unos atacaron Tamaulipas, Nuevo León y Coahuila, mientras que otros avanzaron hacia Nuevo México y California.

En septiembre del mismo año tuvo lugar una reñida batalla en Monterrey, y en febrero de 1847 se libró otro enfrentamiento de grandes proporciones en un paraje llamado La Angostura, cerca de Saltillo, Coahuila.

El gobierno de Estados Unidos también envió otra fuerza a atacar Veracruz; sus barcos de guerra sometieron al puerto a un intenso bombardeo. Marinos y soldados mexicanos defendieron la ciudad, pero debieron rendirse ante la superioridad enemiga. Las tropas estadounidenses avanzaron hacia el centro del país y en agosto de 1847 llegaron al Valle de México y emprendieron el ataque contra la capital de la República.

Ataque estadounidense al puerto de Veracruz.

Entre los soldados que defendieron el Castillo de Chapultepec había estudiantes (cadetes) del Colegio Militar. Algunos de estos jóvenes murieron en combate; su recuerdo se ha mantenido al paso del tiempo, pues ahora los conocemos como los Niños Héroes de Chapultepec.

En los alrededores de la ciudad se libraron batallas en Padierna, Churubusco, Molino del Rey y Chapultepec, acciones en las que fue derrotado el ejército mexicano. Finalmente, el 14 de septiembre el ejército invasor izó su bandera en Palacio Nacional y permaneció en la ciudad hasta mediados del siguiente año.

A lo largo de varios meses, algunos representantes mexicanos negociaron con un enviado estadounidense para acordar los términos de la paz; además de Nuevo México y California, Estados Unidos quería apoderarse de la península de Baja California y partes de Tamaulipas, Coahuila, Nuevo León, Chihuahua y Sonora, pero los negociadores mexicanos se opusieron.

En febrero de 1848 se firmó el Tratado de Guadalupe-Hidalgo, mediante el cual México aceptó la pérdida de Nuevo México y California. Estados Unidos se comprometió a pagar una compensación de 15 millones de pesos.

La derrota militar, la muerte de miles de soldados y la pérdida de la mitad de su territorio representaron un gran golpe para México. Durante los años siguientes el país vivió una etapa de gran desilusión y caos político.

Batalla de Molino del Rey, entre los ejércitos estadounidense y mexicano, ocurrida el 8 de septiembre de 1847.

Entrada del ejército estadounidense a la ciudad de México, después de derrotar a las fuerzas nacionales.

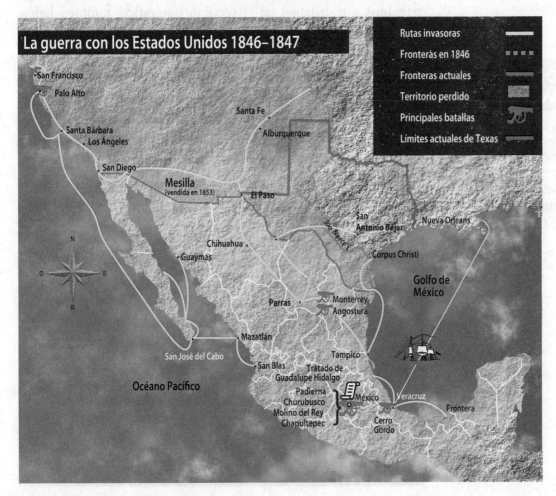

## La guerra con los Estados Unidos 1846–1847

Rutas invasoras
Fronteras en 1846
Fronteras actuales
Territorio perdido
Principales batallas
Límites actuales de Texas

San Francisco
Palo Alto
Santa Bárbara
Los Ángeles
San Diego
Mesilla
(vendida en 1853)
El Paso
Santa Fe
Alburquerque
San Antonio Béjar
Nueva Orleans
Chihuahua
Guaymas
Corpus Christi
Río Nueces
Parras
Monterrey
Angostura
Golfo de México
Mazatlán
San José del Cabo
San Blas
Tampico
Tratado de Guadalupe Hidalgo
Padierna
Churubusco
Molino del Rey
Chapultepec
México
Veracruz
Frontera
Cerro Gordo
Océano Pacífico

Mapa de pérdidas territoriales de México, 1848.

## La vida cotidiana en el campo y la ciudad

Durante la primera mitad del siglo XIX, las ciudades de México eran pequeñas y poco pobladas; la mayor parte de la población vivía en áreas rurales, dedicada a labores agrícolas.

Con el paso del tiempo, el cambio más importante en el campo fue el crecimiento gradual de las propiedades, que llegaron a tener gran extensión. Ante esto, muchas personas abandonaron sus lugares de origen para irse a vivir a ranchos y haciendas.

Otro aspecto que cambió y afectó la vida en el campo fue la leva o reclutamiento forzoso para el ejército. Debido a esta práctica, numerosos campesinos fueron obligados a dejar sus labores cotidianas para servir en las filas militares, lo cual causó la desintegración de familias y poblados.

En las ciudades, la vida cambió poco a poco. En buena medida, las personas continuaron desempeñando los oficios y las actividades del Virreinato: la mayoría eran jornaleros, vendedores ambulantes, artesanos o trabajaban en el servicio doméstico; también había, en menor cantidad, empleados públicos, comerciantes, tenderos, funcionarios, militares, profesores, médicos, abogados, sacerdotes y monjas. Un fenómeno que comenzó a observarse en algunas ciudades fue el aumento de la población proveniente del campo, que desempeñaba diversos oficios, como aguadores, vendedores ambulantes o cargadores en los mercados, otros incluso se convertían en limosneros.

En las ciudades e incluso en los pueblos más grandes del país circulaban periódicos y revistas, y la gente comentaba los asuntos del día,

### COMPRENDO Y APLICO

Observa las siguientes imágenes de las páginas 32 y 33. Selecciona una o varias y escribe un diálogo o un breve relato inspirado en ellas, apóyate en el texto.

Escena cotidiana del siglo XIX.

pues aunque sólo unos pocos sabían leer, no faltaba quien les leyera en voz alta las noticias. Además de las fiestas religiosas, también comenzaron a organizarse conmemoraciones cívicas, como el Grito de Independencia, que se celebró por primera vez el 16 de septiembre de 1812 en Huichapan, Hidalgo. No todos los niños asistían a la escuela, pues al igual que en el campo, la mayor parte ayudaba a sus padres en sus labores cotidianas.

Las ciudades eran pequeñas y en ellas se destacaban generalmente los templos, mercados y palacios de gobierno. También en esa época la población acudía a divertirse en las corridas de toros, jaripeos, o bien a las peleas de gallos. Asimismo era común ver a las personas divirtiéndose con juegos de azar.

*Escena popular de Mercado* (*Dama*), José Agustín Arrieta, Colección Banco Nacional de México;

Por ese tiempo apareció el libro *Ensayo político sobre el reino de la Nueva España*, del alemán Alexander von Humboldt, que describe la situación de nuestro país en los ámbitos biológicos, geográficos, económicos y sociales. Este libro despertó gran interés para Europa por la riqueza cultural y natural de México, que ocasionó la visita continua de viajeros italianos, franceses, ingleses y alemanes.

Mujeres moliendo maíz en metate y preparando tortillas.

# Temas para analizar y reflexionar

## "Por culpa de un pastelero…"

La Guerra de los Pasteles inició el 27 de noviembre de 1838, cuando los franceses atacaron y bombardearon el fuerte de San Juan de Ulúa.

Después de la independencia llegaron a México empresarios y comerciantes extranjeros para hacer negocios. Durante los frecuentes enfrentamientos de grupos políticos, muchas veces las propiedades y los negocios de los extranjeros resultaban dañados.

En ocasiones los pagos se retrasaban, pues el país carecía de recursos y cuando el gobierno mexicano necesitaba dinero con urgencia, exigía a las personas adineradas préstamos forzosos, incluso a los extranjeros. Los empresarios y comerciantes franceses se quejaron con su gobierno por esta situación. La cantidad que reclamaban a México sumaba 600 mil pesos. Era una cifra exagerada, pues los franceses pretendían recibir más de lo debido. Un pastelero francés alegaba que su negocio había sufrido daños por 60 mil pesos. ¿Te imaginas la cantidad de panes y pasteles que podían comprarse con ese dinero?

En 1838, Francia mandó barcos de guerra a los puertos del Golfo de México con la intención de bloquear el comercio de nuestro país y presionar al gobierno para que indemnizara a los quejosos.

Los franceses cañonearon la fortaleza de San Juan de Ulúa y atacaron el puerto de Veracruz, en ese entonces protegido por una muralla.

Ante estos ataques el gobierno mexicano aceptó pagar la cantidad que reclamaban los franceses. Tras recibir un adelanto de 200 mil pesos, los barcos franceses se retiraron de las costas mexicanas.

## PARA SABER MÁS

Para profundizar en el tema entra al portal Primaria TIC, <http://www.basica.prima-riatic.sep.gob.mx>, y en el buscador anota Guerra de los Pasteles.

## INVESTIGO Y VALORO

Con base en la información del texto, organicen equipos y elaboren una historieta acerca de la Guerra de los Pasteles. Inventen los personajes y escriban los diálogos; recuerden que la historieta debe considerar cuándo y dónde ocurrió, quiénes participaron, las causas y las consecuencias. Para ilustrarla pueden usar dibujos o recortes de periódicos y revistas.

## Los caminos y los bandidos

En el siglo XIX la mayoría de las personas viajaba poco. Acaso visitaban de manera ocasional poblaciones cercanas, pero no era común que se trasladaran con frecuencia a lugares distantes. Los viajes entre una ciudad y otra podían durar varios días o incluso semanas; los caminos eran malos y los transportes incómodos, aunque se intentó mejorar las comunicaciones.

Ya en 1832 un viajero escribió: "No hace todavía muchos años era necesario emplear dos días a caballo para ir [desde Puebla] a México; ahora se sale en la diligencia a las seis de la mañana y se llega en la noche a buena hora".

Los asaltos a las diligencias eran frecuentes en el siglo XIX.

Las personas debían usar aquellos caminos, ya fuera que viajaran a pie o a caballo, en diligencias tiradas por mulas, sillas de mano o incluso en las espaldas de cargadores indígenas (como era costumbre en algunos estados del sureste). Las mercancías se transportaban en carretas o en mulas que conducían los arrieros. Por la noche, estos viajeros se hospedaban en posadas, mesones, en los portales de los pueblos o incluso a campo abierto.

Sin embargo, algo peor que todas las incomodidades era la falta de seguridad, pues muchos caminos estaban llenos de bandidos. Con frecuencia, éstos atacaban a los viajeros y los despojaban de sus pertenencias. En ese tiempo no había cuerpos de policía que vigilaran las rutas, lo cual facilitaba los robos. Además, muchas veces las bandas de asaltantes contaban con la protección de autoridades o jefes militares de algunas regiones.

Los asaltos en los caminos fueron algo cotidiano durante gran parte del siglo XIX, lo cual causó un grave daño al comercio y las comunicaciones. El hecho de que entonces existieran tantos bandidos estaba relacionado con las pésimas condiciones económicas del país, pero también con la falta de autoridad, el desorden político y las frecuentes guerras de este periodo.

## INVESTIGO Y VALORO

De acuerdo con lo estudiado acerca del tema y los testimonios que se presentan en la página 37, responde las siguientes preguntas en tu cuaderno:

■ ¿Cuáles eran los principales problemas que enfrentaban los viajeros durante el México independiente?

■ ¿Cuáles eran las formas de viajar?

■ ¿Cuáles fueron las causas del bandolerismo de la época? ¿Por qué los bandoleros podían actuar con tanta libertad?

■ Ahora piensa en los viajes del presente. ¿Cómo viajan en tu comunidad y a qué problemas se enfrentan en la actualidad?

A continuación te presentamos dos fragmentos de testimonios de la época en los que se describe cómo se transportaba la gente, los riesgos que corría y las incomodidades que sufría en la primera mitad del siglo XIX.

En México, a menos de ser indio o de usar calzón corto, nadie viaja a pie [...] un caballo de aspecto pasadero [...] no cuesta arriba de quince pesos [...] se necesita ser muy miserable o muy filósofo para usar las propias piernas [...] no se pasa en México por un verdadero hombre sino a condición de tener caballo.

Lucien Biart, tomado de Laura Solares Robles, *Bandidos somos y en el camino andamos*, México, Instituto Michoacano de Cultura-Instituto Mora, 1999, p. 71. Testimonio de 1832.

Rodó por fin la diligencia, estremeciéndose a través de las calles; ya encarrerada traspuso la Alameda, y el traqueteo fue [...] acomodando a cada quien en su lugar, y con ello [...] comenzamos a sentirnos más holgados [...] el camino carretero que conduce al Desierto [...] es pésimo y las mulas apenas podían con el cargado carruaje en las ásperas crestas de los cerros. Las rodadas nos lanzaban de un lado para otro y las sacudidas eran espantosas, y nos veíamos precisados en ocasiones a bajarnos [...] El día y la campiña eran hermosos; pero en un vehículo cerrado el gozarles era cosa imposible, y más bien dimos las gracias cuando las ruedas se atascaron en lo hondo de una rodada y tuvimos que apearnos y caminar por un buen rato.

Madame Calderón de la Barca, *La vida en México,* México, Librería de la Viuda de Ch. Bouret, 1920, pp. 334-335. Testimonio de 1842.

## PARA SABER MÁS

Si quieres conocer más acerca de los caminos y los bandidos, pregunta a tu profesor por este libro de la Biblioteca Escolar: Krystyna Magdalena Libura *et al.*, *El diario de una marquesa*, México, SEP-Ediciones Tecolote, 1994 (Libros del Rincón).

# Lo que aprendí

1. Completa la siguiente tabla. Recupera de tu cuaderno lo que escribiste en "Mi respuesta inicial" y lo que anotaste de nueva información en cada tema. ¿Tu respuesta inicial cambió a partir de lo que aprendiste? ¿Por qué?

| Pregunta detonadora de bloque | ¿Cuáles fueron las causas que limitaron el desarrollo de México en las primeras décadas de vida independiente? |
| --- | --- |
| Mi respuesta inicial | |
| Nueva información que obtuve al estudiar el bloque I | |
| Mi respuesta final | |

2. Completa el siguiente cuadro. Al terminar, reflexiona acerca de lo que estudiaste en el bloque. Coméntalo con tu maestro y el grupo.

| Marca con una "X" tu nivel de desempeño durante el bloque | | Excelente | | Regular | | Requiero esforzarme más |
|---|---|---|---|---|---|---|

| Escribe: ¿Qué necesitarías para mejorar tu desempeño? |
|---|
| |
| |
| |
| |
| |
| |
| |
| |
| |
| |
| |
| |
| |

# Evaluación

Completa el texto con las palabras correctas. Comenten sus ideas en el grupo.

- económicos
- políticos
- Inglaterra
- Nuevo México
- corridas de toros
- Sonora

- federalistas
- centralistas
- California
- peleas de gallos
- relaciones comerciales
- Francia

- dominio español
- monárquico
- republicano
- atraso económico

La consumación de la independencia puso fin al periodo de _____. Pero para que el nuevo país pudiera salir adelante debía hacer frente a varios problemas, como el _____, pues once años de guerra habían dejado arruinados a los sectores productivos.

Además, se pensaba en establecer un gobierno _____, pero los_____ deseaban fortalecer el poder del presidente, mientras que los _____ buscaban el equilibrio de poderes y fortalecer los estados.

Al término de la guerra de Independencia varios países estaban interesados en establecer _____ con nuestro país, pues querían adquirir productos mexicanos. Sin embargo, hubo conflictos con algunos de ellos, tal fue el caso de_____ en 1838 y con Estados Unidos entre 1846 y 1848. La guerra contra este último país culminó con la pérdida de los territorios de _____ y _____, lo cual representó un duro golpe para México, que ya había perdido Texas. Asimismo, durante este periodo la gente se divertía acudiendo a _____ y_____.

Subraya la respuesta correcta:

1. ¿Cuál de los siguientes mapas corresponde a la primera
organización territorial que tuvo el México independiente?

a)

b)

c)

2. Una de las propuestas de los federalistas era que:

a) El presidente tuviera mayor poder que el Congreso.

b) Los estados contaran con un gobierno y constitución
propios.

c) Un monarca español asumiera el trono de México.

3. Un acontecimiento que causó la guerra entre México
y Estados Unidos fue:

a) La Guerra de los Pasteles.

b) La incorporación de Texas a Estados Unidos.

c) El cambio de gobierno de una república federal a una
centralista.

BATALLON
SUPREMOS PODERES.

*La Reforma y la caída del Imperio*, mural de José Clemente Orozco, Museo Nacional de Historia.

# Panorama del periodo

## Ubicación temporal y espacial de la Reforma y la República Restaurada

### PARA INICIAR

La imagen que ilustra el bloque II es un mural de José Clemente Orozco que representa la Reforma y la caída del Imperio.

Describe la imagen que está en el inicio del bloque.

- ¿Qué personajes identificas?
- ¿Qué grupos sociales están representados?
- ¿Cómo los puedes diferenciar?
- ¿Qué crees que representa está imagen?

En este bloque estudiaremos un periodo en el que ocurrieron importantes transformaciones o reformas políticas, guerras civiles y una nueva invasión extranjera. Las principales fuerzas políticas de la época eran los grupos liberal y conservador, que se disputaron el control del gobierno.

La palabra *reforma* hace referencia a cambiar, innovar o mejorar algo con la intención de garantizar un orden a través de las leyes que permitan a los integrantes de la sociedad la satisfacción de sus necesidades materiales, educativas, de recreación, entre otras.

En estos años también se promulgó una nueva Constitución y se decretaron varias leyes (en conjunto conocidas como Leyes de Reforma) con la intención de quitarle poder político y económico a la Iglesia católica. El propósito de estas leyes también era que México se convirtiera en un país **laico** y **democrático**; aunque esto no se cumplió de inmediato, las Leyes de Reforma sirvieron de base para futuras transformaciones. Asimismo, la lucha contra la intervención francesa fortaleció la soberanía mexicana frente a otros países.

**Laico.** Independiente de cualquier organización o confesión religiosa.

**Democracia.** Forma de gobierno en que los ciudadanos tienen la posibilidad de participar en los asuntos políticos y elegir a sus gobernantes y representantes.

### UN DATO INTERESANTE

A finales del siglo XIX se conmemoraba la Independencia mediante fiestas cívicas, cuya finalidad era inculcar la historia de la patria y el culto a los héroes para fortalecer la identidad nacional. En estas conmemoraciones había piezas musicales, se leía un documento de la historia política de México, cantaban coros, se declamaban poemas, se entregaban premios, se leía un discurso oficial y se entonaba el Himno Nacional.

*Palacio Nacional de México, entrada del Ejército Federal el 1 de enero de 1861. Litografía, Casimiro Castro.*

## CUÁNDO Y DÓNDE PASÓ

**Observa la línea del tiempo y el mapa histórico y realiza las siguientes actividades en tu cuaderno.**

1. Por equipos, ubiquen en el mapa los actuales estados en donde se desarrollaron algunas batallas de la Guerra de Reforma.

   ■ ¿Qué zonas estuvieron bajo la influencia del grupo liberal?

   ■ ¿Cuáles de los conservadores?

   ■ ¿Qué ventajas tenía cada grupo al controlar estas zonas?

2. Observa la línea del tiempo y contesta las siguientes preguntas:

   ■ ¿En qué siglo se ubican estos hechos y procesos históricos?

   ■ ¿Cuántos años dura el periodo que vas a estudiar en este bloque?

   ■ ¿Cuántas décadas hay?

   ■ Las diferencias entre los liberales y conservadores llevaron a una serie de cambios entre 1854 y 1876, ¿qué postura predominó más en estos años?

46

Venta de La Mesilla a Estados Unidos de América, 1853

Constitución de 1857

Se firma el Plan de Ayutla contra el gobierno de Santa Anna, 1854

Las Leyes de Reforma establecen la separación entre Iglesia y Estado, 1859

Francia, Gran Bretaña y España acuerdan intervenir militarmente en México, 1861

Batalla de Puebla, 1862

1850      1855      1860

La dictadura de Santa Anna    La Reforma liberal    Guerra de Reforma    La intervención francesa

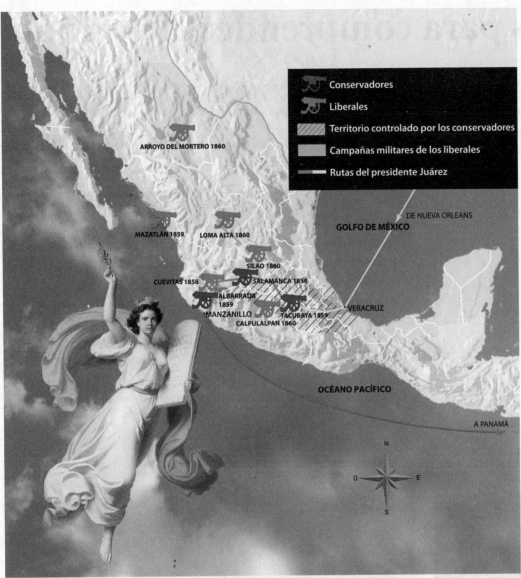

Legend:
- Conservadores
- Liberales
- Territorio controlado por los conservadores
- Campañas militares de los liberales
- Rutas del presidente Juárez

ARROYO DEL MORTERO 1860

DE NUEVA ORLEANS

GOLFO DE MÉXICO

MAZATLÁN 1859    LOMA ALTA 1860

SILAO 1860

CUEVITAS 1858    SALAMANCA 1858

ALBARRADA 1859

MANZANILLO    TACUBAYA 1859    VERACRUZ

CALPULALPAN 1860

OCÉANO PACÍFICO

A PANAMÁ

N
O    E
S

Mapa de la Guerra de Reforma (1858-1860).

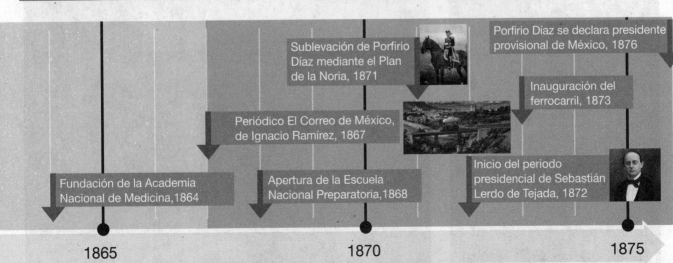

Sublevación de Porfirio Díaz mediante el Plan de la Noria, 1871

Porfirio Díaz se declara presidente provisional de México, 1876

Periódico El Correo de México, de Ignacio Ramírez, 1867

Inauguración del ferrocarril, 1873

Fundación de la Academia Nacional de Medicina, 1864

Apertura de la Escuela Nacional Preparatoria, 1868

Inicio del periodo presidencial de Sebastián Lerdo de Tejada, 1872

1865    1870    1875

El Segundo Imperio    La República Restaurada

# Temas para comprender el periodo

## ¿Por qué era necesario reformar el país?

### PARA OBSERVADORES

1. Escribe en tu cuaderno la pregunta que aparece al inicio de esta página con el título "Mi respuesta inicial".

2. A continuación, observa la secuencia de imágenes. ¿Qué escribirías como posible respuesta para esa pregunta?

3. Al estudiar este bloque, irás registrando la información nueva que encuentres en cada tema y que esté relacionada con la pregunta.

4. Al terminar el bloque II, completa el esquema de la sección Lo que aprendí y utiliza la información que registraste en tu cuaderno.

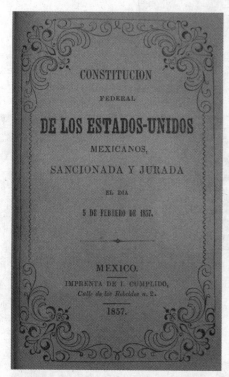

Constitución de 1857.

Soldados durante la Guerra de Reforma.

48

## LEO Y COMPRENDO

Después de estudiar cada tema para comprender el periodo, elabora en tu cuaderno un esquema como el siguiente y responde las preguntas, según se presente la información en tu libro.

¿Cuándo y dónde ocurrió?

¿Cuáles fueron sus causas?

**Tema**

¿Cómo sucedió?

¿Quiénes participaron?

Carlota y Maximiliano en el Castillo de Miramar.

Ferrocarril mexicano.

## Los ideales de liberales y conservadores

A mediados del siglo XIX dos fuerzas políticas querían gobernar México; ambos grupos tenían ideas opuestas, en la mayoría de los casos, acerca de las medidas que debían adoptarse para mejorar la situación del país. Estos grupos eran: los liberales y los conservadores, a los que se ha considerado como partidos políticos, sin que lo fueran formalmente.

Las luchas entre ambos grupos provocaron que en este periodo hubiera constantes conflictos; esto causó la inestabilidad del país y afectó su economía y desarrollo. En la siguiente tabla te presentamos las principales diferencias entre los dos grupos:

Lucas Alamán (1792-1853), partidario del grupo conservador que defendió los privilegios de la Iglesia y el ejército.

José María Luis Mora (1794-1850), partidario del grupo liberal en favor de la idea de establecer una república federal.

**Desamortización.** Poner en venta mediante disposiciones legales las propiedades que no tuvieran fines productivos.

| Características | Liberales | Conservadores |
|---|---|---|
| Forma de gobierno deseada | República gobernada por un ciudadano mexicano. | Monarquía gobernada por un miembro de la realeza europea. O un gobierno centralista. |
| Principales objetivos | **Desamortizar** los bienes del clero y las tierras comunales; permitir la libertad de culto y establecer la igualdad de la población ante la ley. | Prohibir la existencia de otra religión diferente a la católica. |
| Propuestas | Cambios en la educación, la libertad de expresión, establecimiento del registro civil. | Mantener los privilegios de la Iglesia, el ejército y los terratenientes. |

## COMPRENDO Y APLICO

A partir de lo que observaste en el cuadro, contesta las siguientes preguntas.

1. ¿Qué propone cada grupo?
2. ¿Cuáles son las diferencias entre uno y otro?
3. ¿Con cuál postura estás de acuerdo?
4. ¿Es posible llegar a acuerdos cuando las personas tienen ideas diferentes?
5. ¿Crees que los mexicanos de aquella época llegaron pacíficamente a decidir qué era lo mejor para el país?

## La Revolución de Ayutla

En la segunda mitad del siglo XIX, México vivía una situación difícil. Algunos de los problemas consistían en que unas cuantas personas controlaban grandes extensiones de tierra y la existencia de los **caciques** regionales que imponían sus intereses sobre el resto de la sociedad; además, la mayoría de la población no tenía acceso a la educación y se carecía de recursos económicos para invertir en actividades productivas.

En 1853, después de haber ocupado diez veces el gobierno, Antonio López de Santa Anna fue convencido por los conservadores de regresar al poder. Durante su mandato, varias de sus órdenes causaron descontento en la sociedad por ejemplo: eliminó algunos derechos y libertades individuales, persiguió a sus opositores y sancionó a quienes lo criticaban, con lo cual limitó la libertad de expresión; además, clausuró el Congreso, vendió el territorio de La Mesilla a Estados Unidos, y se apropió de los bienes y recursos de los estados. Una disposición que provocó gran inconformidad fue el decreto por el cual se autonombró "Alteza Serenísima" y se otorgó poder ilimitado para gobernar durante el tiempo que creyera necesario.

Ante esta situación, algunos integrantes del grupo liberal, encabezados por Juan Álvarez, Ignacio Comonfort y Florencio Villarreal, se organizaron para quitar del gobierno a Santa Anna. En 1854, en el actual municipio de Ayutla, Guerrero, se proclamó el Plan de Ayutla. En él se llamaba a desconocer al gobierno y enfrentarlo por medio de las armas. La idea fue apoyada en varias partes del país y así se inició la llamada Revolución de Ayutla.

**Cacique.** Persona que por su posición social y económica abusa de su poder sobre los habitantes de una población; algunos caciques fueron militares, hacendados y políticos.

## UN DATO INTERESANTE

Santa Anna llegó al extremo de cobrar contribuciones por cada ventana de las casas, con el argumento de que con el número de ventanas podían calcularse las dimensiones de un inmueble para fijar los impuestos a pagar.

Al año siguiente el movimiento armado triunfó y Santa Anna fue obligado a salir del país. Con base en el Plan de Ayutla, Juan Álvarez ocupó la presidencia, luego se organizaron elecciones e Ignacio Comonfort resultó electo; con esto se inició el periodo de gobierno liberal. El Plan de Ayutla planteaba entre sus puntos más importantes los siguientes:

- Se desconocía a Antonio López de Santa Anna y a los funcionarios de su gobierno que hubieran "desmerecido la confianza de los pueblos o se opusieren al presente plan".
- Todo el que se opusiera al Plan de Ayutla sería "tratado como enemigo de la independencia nacional".
- Convocaba a la formación de un congreso constituyente.

Juan Álvarez (1790-1867).

Ignacio Comonfort (1812-1863).

A continuación te presentamos un fragmento del Plan de Ayutla:

## Plan de Ayutla, 1854

Que la permanencia de D. Antonio López de Santa Anna en el poder es un amago [amenaza] constante para las libertades públicas, puesto que con el mayor escándalo, bajo su gobierno se han hollado [pisoteado] las garantías individuales [...]; Que los mexicanos [...] se hallan en el peligro inminente de ser subyugados [sometidos] por la fuerza de un poder absoluto, ejercido por el hombre á quien tan generosa como deplorablemente se confiaron los destinos de la patria; Que [...] solo ha venido á oprimir [...] á los pueblos recargándolos de contribuciones onerosas [costosas], sin consideración á la pobreza general, empleándose su producto en gastos superfluos [innecesarios], y formar la fortuna, como en otra época, de unos cuantos favoritos [...]

Que debiendo conservar la integridad del territorio de la República, ha vendido una parte considerable de ella, sacrificando a nuestros hermanos de la frontera del Norte, que en adelante serán extranjeros en su propia patria [...]

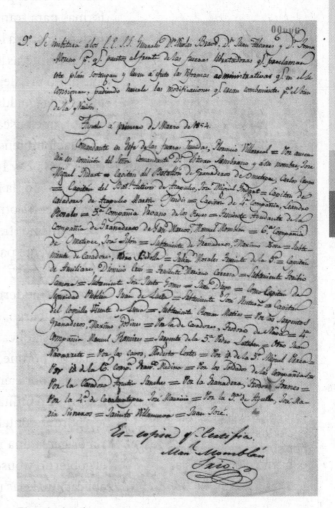

Plan de Ayutla.

## COMPRENDO Y APLICO

Después de leer el fragmento anterior, contesta las siguientes preguntas en tu cuaderno.

- ¿Qué grupo político lo elaboró?
- ¿Qué se reclamaba en el plan? ¿Por qué?
- ¿Por qué consideras que era necesaria una nueva Constitución?

## UN DATO INTERESANTE

Al comenzar la segunda mitad del siglo XIX, se empezó a introducir el uso del sistema métrico decimal, adoptado ya en otras naciones. Su difusión fue lenta, por ello en las últimas dos décadas de ese siglo se impulsó su enseñanza entre la población. Sin embargo, todavía en la actualidad en algunos lugares se usan medidas como la pizca, el puño o la vara, en lugar de gramos, litros o metros. Pregunta a un familiar o conocido qué medidas utiliza y cuándo las emplea.

**Corporación.** Organización cuyos miembros son los únicos que pueden decidir sobre ella en asuntos como gobierno y administración. Ejemplos de corporaciones eran la Iglesia católica y las comunidades indígenas.

**Terrateniente.** Persona que posee grandes extensiones de tierra.

**Fuero.** Privilegios otorgados a ciertos grupos o personas por su posición o cargo en el gobierno o en la Iglesia.

### La Constitución de 1857

Una vez en el gobierno, los liberales propusieron una serie de reformas para transformar la situación y la economía del país y para restarle fuerza a los grupos privilegiados.

Las primeras leyes que promulgaron fueron: la Ley Juárez (1855), que quitó privilegios a los miembros de la Iglesia y del ejército y estableció la igualdad de todos los ciudadanos ante la ley; la Ley Lerdo (1856), que buscaba propiciar el progreso económico, poniendo en circulación bienes y capitales de las **corporaciones** civiles y eclesiásticas; la Ley Iglesias (1857), que reguló el cobro de los servicios realizados por la Iglesia católica, como bautismos, entierros y matrimonios, entre otros, para que no se afectara a la gente sin recursos.

Al mismo tiempo, los liberales convocaron a un Congreso Constituyente para elaborar lo que hoy conocemos como la Constitución de 1857. Tenía un carácter federal y muchos de sus artículos buscaban modernizar el país.

Sin embargo, en el Partido Conservador, algunos miembros de la Iglesia católica, militares y **terratenientes**, se opusieron a esta legislación porque afectaba los privilegios que tenían desde la época virreinal; por ejemplo, antes de la promulgación de estas leyes, si un sacerdote o militar cometía algún delito no podía ser juzgado por la ley, porque contaba con **fuero**. Esta situación de inconformidad daría origen a una nueva guerra: los conservadores se alzaron contra el gobierno y buscaron el apoyo de un país extranjero para evitar la aplicación de las nuevas leyes.

**A continuación te presentamos algunas disposiciones de la Constitución federal de 1857:**

- Todos los ciudadanos son iguales ante la ley y se prohíbe la esclavitud.
- La enseñanza en México es libre.
- En México hay libertad de expresión, de organización, para que cada persona se dedique al trabajo que más le guste o convenga.
- Ninguna persona o grupo puede tener privilegios que afecten al resto de la población.
- Están prohibidos los castigos corporales de cualquier especie.

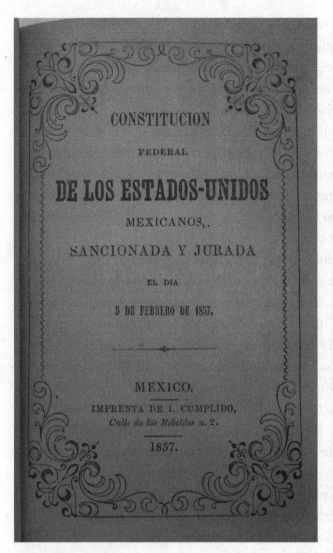

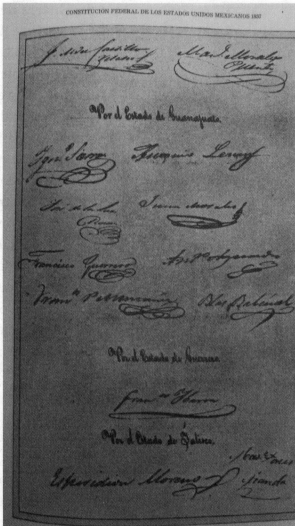

Constitución de 1857.

- Todo trabajo debe ser remunerado (otorgar un pago).
- Se prohíbe a las corporaciones civiles y eclesiásticas tener o administrar propiedades urbanas y rurales, como casas, haciendas o tierras de cultivo.
- En las faltas temporales del presidente de la República, y en su ausencia absoluta, mientras se elige un sustituto, tomará el poder el presidente de la Suprema Corte de Justicia.

 **COMPRENDO Y APLICO**

A partir de la lectura de las disposiciones de la Constitución de 1857 contesta en tu cuaderno las siguientes preguntas.

- ¿Cuál te llamó más la atención? y ¿por qué?
- ¿Qué derechos se otorgaban?
- ¿Por qué consideras que son importantes?
- ¿Cuáles forman parte de tu vida cotidiana?

Analicen sus respuestas en equipos.

## La Guerra de Reforma

La Guerra de Reforma, también llamada guerra de los Tres Años, se inició en 1858, cuando Félix Zuloaga se rebeló contra el gobierno liberal mediante el Plan de Tacubaya, que desconocía la Constitución y convocaba a elaborar una nueva.

El principal motivo de este conflicto fue que el grupo conservador, la Iglesia católica y gran parte del ejército rechazaban la Constitución porque afectaba sus fueros y propiedades. Por ello, los conservadores lucharon para defender sus privilegios y los de la Iglesia. Por otro lado, los liberales defendían el cumplimiento de la Constitución.

Tras el estallido de la guerra el presidente Ignacio Comonfort se vio obligado a dejar el país. De acuerdo con lo establecido en la Constitución, lo sustituyó el presidente de la Suprema Corte de Justicia, Benito Juárez. Por su parte, los conservadores se apoderaron de la capital y nombraron presidente a Félix Zuloaga.

De esta forma, el país contó con dos presidentes: Félix Zuloaga, por el bando conservador, quien ubicó su sede de gobierno en la ciudad de México, y Benito Juárez, del lado liberal, gobernó desde Veracruz.

La Guerra de Reforma dividió a la población en dos bandos. Durante la lucha ambos ejércitos recurrieron a la leva o reclutamiento forzoso para engrosar sus filas. Esta lucha fue la más brutal de todas las guerras que el país vivió durante el siglo XIX.

Finalmente, los liberales vencieron y en 1861, Benito Juárez hizo su entrada triunfal en la ciudad de México para establecer su gobierno. Durante la guerra, el gobierno de Juárez promulgó las llamadas Leyes de Reforma con el propósito de limitar aún más la influencia de la Iglesia católica. A continuación te presentamos un resumen del contenido de dichas leyes:

- Las propiedades de la Iglesia pasarían a ser bienes de la nación.
- Los nacimientos, matrimonios y muertes sólo podría reconocerlos el Registro Civil.
- El gobierno administraría hospitales, cementerios y establecimientos de beneficencia sin la intervención de la Iglesia.
- Se establecía la libertad de cultos, la cual garantizaba que cada persona pudiera elegir su religión.

## PARA SABER MÁS

Para profundizar en el tema entra al portal Primaria TIC, <http://www.basica.primariatic.sep.gob.mx>, y en el buscador escribe guerra de Reforma.

Estas leyes resultaron muy importantes y sus ideas prevalecen hasta nuestros días, por ejemplo, gracias a ellas los mexicanos podemos elegir la religión que mejor nos parezca o ninguna. Además, gracias al Registro Civil el gobierno puede llevar un control de la población; desde nuestro nacimiento queda un registro de quiénes somos, de dónde venimos y nos identifica ante los demás. ¿Te has preguntado qué datos hay en tu acta de nacimiento? ¿En qué circunstancias la utilizas?

Soldados durante la Guerra de Reforma.

## COMPRENDO Y APLICO

Analicen en grupo si una deuda económica es un motivo válido para invadir un país.

**Comenten:** si estuvieran en la situación que enfrentó el presidente Juárez, ¿qué solución propondrían? Apóyense en las siguientes opciones y concluyan cuál sería, en su opinión, la más adecuada.

- Suspender el pago y buscar una negociación.
- Ceder una parte del territorio nacional a cambio de la deuda.
- Aumentar impuestos, pedir donaciones a la gente y vender las propiedades públicas para recaudar dinero y liquidar la deuda.

## La situación económica

La situación económica de México empeoró después de la Guerra de Reforma. El campo y la minería estaban abandonados, el comercio interior y exterior había decaído, y no se recibían suficientes impuestos. Por todo esto, el gobierno no tenía dinero para cubrir sus gastos e invertir en la mejora de caminos y puertos. Además, debido a las constantes luchas el ejército había crecido y los gastos para mantenerlo eran enormes. Así, una de las medidas que adoptaron los diferentes gobiernos desde la independencia fue recurrir a préstamos, que incrementaron la deuda externa del país debido a los intereses tan elevados.

Ante la falta de recursos, Juárez decidió suspender el pago de la deuda que se tenía con Inglaterra, Francia y España, aunque prometió volver a pagar en cuanto fuera posible. En respuesta, estos países bloquearon los puertos del Golfo de México para afectar el intercambio comercial y exigir la liquidación de su deuda.

Juárez negoció con España e Inglaterra el retiro de sus ejércitos, con la promesa de que reiniciaría el pago de la deuda en cuanto la situación del país lo permitiera. Sin embargo, Francia no aceptó e inició la intervención militar.

Puerto de Tampico.

## El gobierno republicano y el Segundo Imperio

El bloqueo de los puertos del Golfo de México colocó al gobierno liberal en una posición difícil. Juárez negoció con los generales extranjeros que habían ocupado Veracruz y logró que ingleses y españoles retiraran sus flotas. No obstante, Francia no aceptó y desembarcó sus tropas, las cuales se dirigieron a la capital.

Como vimos antes, los conservadores deseaban establecer una monarquía encabezada por un miembro de la realeza europea; por esta razón se sumaron a las tropas invasoras.

El gobierno de Juárez intentó detener el avance de los invasores. En Puebla, el ejército liberal, encabezado por Ignacio Zaragoza, logró una importante victoria el 5 de mayo de 1862. Sin embargo, Puebla cayó al año siguiente tras un sitio a la ciudad por el ejército francés que había sido reforzado con 30 mil soldados enviados por Napoleón III. En junio del mismo año, el ejército invasor llegó a la ciudad de México.

Esto obligó al gobierno liberal a reubicar su sede en diferentes estados del país, hasta situarse en Paso del Norte (hoy Ciudad Juárez), Chihuahua, desde donde continuó la guerra en defensa de la soberanía del país. Al mismo tiempo, los conservadores siguieron su proyecto de establecer una monarquía.

Cuando los franceses tomaron la capital convocaron a una asamblea en la que participaron los principales líderes conservadores, quienes proclamaron la creación del Imperio mexicano y ofrecieron el trono a Maximiliano de Habsburgo, para lo cual enviaron una representación hasta el Castillo de Miramar, en Trieste, una ciudad perteneciente al litoral del Imperio Austriaco, actualmente una ciudad italiana.

Batalla de Puebla del 5 de mayo de 1862.

Dos años después de haberse iniciado la guerra contra la intervención francesa, el archiduque Maximiliano y su esposa, Carlota Amalia, princesa de Bélgica, llegaron al país para ocuparse del gobierno monárquico apoyado por los conservadores. Los liberales se negaron a reconocer esta autoridad; aun así, el imperio logró imponerse en las zonas del país que dominaba el ejército francés.

El gobierno liberal se mantuvo en las regiones que había logrado defender. Así, durante el tiempo que duró la intervención francesa, hubo dos gobiernos: uno republicano constitucionalmente establecido y otro monárquico apoyado por fuerzas extranjeras.

El gobierno de Maximiliano tomó una serie de medidas que provocaron que los conservadores le retiraran su apoyo; por ejemplo, en vez de oponerse a las Leyes de Reforma, las ratificó; eligió como colaboradores a algunos liberales; estableció leyes por las que se devolvían sus tierras a los pueblos indígenas y se otorgaban a quienes no las tenían. Además, decretó leyes laborales que establecían una jornada máxima de 10 horas de trabajo y prohibían aplicar castigos físicos a los trabajadores.

En el contexto internacional, el emperador Napoleón III retiró su apoyo militar y económico a Maximiliano, por la presión de Estados Unidos para desocupar México y porque Francia estaba en guerra con Prusia, actualmente parte de Alemania.

Al perder este apoyo militar el Imperio se debilitó y los liberales recuperaron los territorios que estaban en manos de los franceses. Ante el avance liberal, Maximiliano se refugió con sus tropas en Querétaro, donde libró su última batalla; tras ser derrotado, fue condenado a muerte y fusilado en 1867.

*Ejecución del emperador Maximiliano de México*, 1868, Edouard Manet, óleo sobre tela.

# La restauración de la República

En julio de 1867, la capital de México recibió a Juárez, que regresaba triunfante luego de la derrota del Imperio. Con esta victoria se restableció la República, por lo que al periodo entre 1867 y 1876 se le conoce como República Restaurada o Triunfo de la República.

A consecuencia de tantos años de lucha, al restaurarse la República el país enfrentaba dificultades: en el ámbito político, el Partido Liberal se dividió porque una parte de este grupo se oponía a la reelección presidencial de Benito Juárez.

Al término de la guerra, Juárez restableció su gabinete con civiles; algunos militares que habían participado durante la guerra contra el imperio (entre ellos Porfirio Díaz) protestaron por no haber sido incluidos en el gobierno.

Además, había un conflicto entre el centro del país y el resto de las regiones debido a que durante la guerra los jefes militares controlaban las actividades económicas de algunas regiones y se apropiaban de sus recursos. Juárez trató de quitarles este poder, lo que provocó su descontento.

La difícil situación económica se agravó; la carencia de recursos fue uno de los principales problemas de la República Restaurada. Benito Juárez y su sucesor en la presidencia, Sebastián Lerdo de Tejada, sabían que el país necesitaba impulsar su economía, reactivar la producción agrícola, fomentar la industria, construir ferrocarriles y poblar las regiones que no estaban habitadas.

Por ello se enfocaron en reorganizar la hacienda pública, con la idea de conseguir los recursos necesarios para mejorar la situación del país. Pero, finalmente, no pudieron realizar sus planes debido a la falta de recursos, a las rebeliones de campesinos que habían sido despojados de sus tierras, a la inseguridad en sus caminos y a las sublevaciones de algunos jefes militares.

Entrada de Benito Juárez a la ciudad de México el 15 de julio de 1867.

## COMPRENDO Y APLICO

De acuerdo con lo que leíste en el texto anterior, copia el siguiente cuadro en tu cuaderno y complétalo con las medidas tomadas por los gobiernos liberales para fortalecer la economía y la organización política. Señala a qué problemas se enfrentaba la república. Al terminar, comenta tus respuestas con tus compañeros.

| Medidas | Problemas |
|---|---|
|  |  |
|  |  |
|  |  |
|  |  |

## Benito Juárez y los liberales

Con el triunfo de la Revolución de Ayutla llegó al poder una nueva generación de liberales, casi todos civiles, es decir, que no eran militares. El principal objetivo de este grupo era cambiar la forma de gobernar, pero tenían diferencias acerca de cómo hacerlo. Por un lado, algunos consideraban que se debía cambiar lentamente para evitar una oposición violenta; pero otros creían en el cambio drástico y plantearon la creación de una nueva Constitución; esta última postura fue la que dominó entre el grupo liberal desde el triunfo de la Revolución de Ayutla. Entre los liberales destacados se encontraba Benito Juárez, un indígena zapoteca nacido en San Pablo Guelatao, en la sierra de Oaxaca. Estudió en un seminario católico y en el Instituto de Ciencias y Artes de Oaxaca. Fue diputado y gobernador de su estado natal, y además ocupó el cargo de presidente de la Suprema Corte de Justicia.

Benito Juárez ocupó la presidencia de la República en 1858 y durante los siguientes 14 años fue el principal líder nacional. Su empeño por impulsar las reformas liberales y por defender a toda costa la soberanía de la nación, lo convirtió en una de las figuras más importantes en la historia de México.

Los liberales participaron en la elaboración de leyes, la administración pública, las guerras contra los conservadores, el periodismo y la vida cultural de la época.

Algunas de las medidas adoptadas por los liberales ayudaron a desarrollar la democracia en el país. Sus propuestas originaron transformaciones políticas y sociales, como la organización de elecciones presidenciales y gubernamentales, la división de poderes, el respeto por la libertad de expresión, la separación de los asuntos religiosos de las decisiones de gobierno y la creación de instituciones educativas.

El legado de los liberales sigue vigente en nuestros días, por ejemplo, el respeto a la soberanía de las naciones que se sintetiza en la frase de Benito Juárez: "Entre los individuos como entre las naciones, el respeto al derecho ajeno es la paz".

62

Benito Juárez.

Grupo de liberales.

## PARA SABER MÁS

Para profundizar en el tema, entra al portal Primaria TIC <http://www.basica.primariatic.sep.gob.mx>, y en el buscador escribe: Intervención francesa e imperio de Maximiliano y El libertador de la patria.

Si quieres conocer más acerca de Benito Juárez y los liberales, pregunta a tu profesor por este libro de la Biblioteca Escolar: Claudia Burr, *Juárez con la república bajo el brazo*, México, SEP-Ediciones Tecolote, 2005 (Libros del Rincón).

## Aspectos de la cultura en México

La cultura mexicana quedó marcada por décadas de guerras civiles e intervenciones extranjeras. La defensa de la libertad y la soberanía despertaron el sentimiento nacionalista de la población, el cual se manifestó en la literatura, la pintura y la música.

Así, en estos años la cultura buscó resaltar la historia, las tradiciones, los paisajes y las costumbres que mostraran lo mexicano.

En esta época surgieron los primeros libros escolares de historia nacional. También se editaron publicaciones como la revista *Renacimiento*, fundada por Ignacio Manuel Altamirano, que entre sus colaboradores tuvo por igual conservadores y liberales, como Guillermo Prieto, Manuel Payno, Vicente Riva Palacio, José María Roa Bárcena, José Tomás de Cuéllar, entre otros.

Varios intelectuales se ocuparon de estudiar la historia y la geografía de México, entre ellos, Manuel Orozco y Berra, Guillermo Prieto, Vicente Riva Palacio, Justo Sierra, Luis González Obregón, Joaquín García Icazbalceta y José María Iglesias. En las letras, el nacionalismo originó la aparición de novelas históricas y narraciones costumbristas, llamadas así porque describían las costumbres, particularidades y formas de vida del país.

El costumbrismo se manifestó también en la pintura; algunos de sus representantes más destacados fueron Hermenegildo Bustos y José María Estrada. En el estilo paisajista sobresalió el pintor José María Velasco. En 1854 Francisco González Bocanegra compuso el Himno Nacional Mexicano, con música de Jaime Nunó. Esta obra es, quizá, la muestra más representativa del nacionalismo de la época. También se fundó la Sociedad Filarmónica en 1866.

Con la restauración de la República, el gobierno trató de integrar por medio de la cultura y la educación a la población mexicana, dividida por las guerras. De esta forma se fundaron instituciones como la Escuela Nacional Preparatoria, en donde se sustituyeron las explicaciones religiosas por las científicas.

A partir del gobierno de Benito Juárez se puso más atención en la construcción de escuelas en el país. En esta época también se impulsó la investigación científica en disciplinas como biología, geología y medicina.

Ignacio Manuel Altamirano (1834-1893).

Tras los años de guerra también se buscó recuperar los espacios de diversión y esparcimiento para la población. Durante el siglo XIX, en distintos lugares del país se construyeron teatros y espacios para espectáculos públicos. En la ciudad de México destacaron los teatros Principal, Nacional e Iturbide. También se hicieron palenques para peleas de gallos y plazas para corridas de toros.

Asimismo, durante el gobierno de Lerdo de Tejada en 1873 se inauguró el ferrocarril México-Veracruz para mejorar las comunicaciones y el crecimiento económico del país. Con ello, se observaron cambios en el paisaje y en las actividades de la población.

## UN DATO INTERESANTE

El Himno Nacional Mexicano fue compuesto en 1854; han pasado muchas décadas desde entonces, por eso algunas palabras te parecerán extrañas. Por ejemplo, *osare* proviene de la palabra *osar*, que significa *atreverse*; *blasones* deriva de la palabra *blasón*, que se refiere a los escudos de armas de una familia o ciudad.

Partitura del Himno Nacional Mexicano.

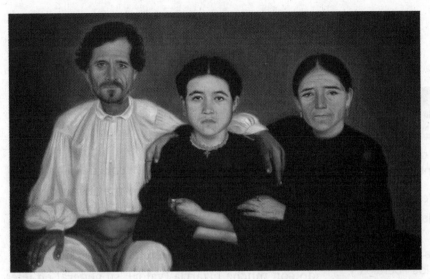

*Retrato de familia*, sin fecha, Hermenegildo Bustos (1832-1907), óleo sobre tela, Museo del Pueblo de Guanajuato.

## COMPRENDO Y APLICO

Observa con atención y describe en tu cuaderno las tres pinturas.

Responde las siguientes preguntas:

- ¿Hay algo en que se parezcan? ¿Qué diferencias observas?
- ¿A qué estilo pictórico crees que pertenece cada una?
- ¿Qué información consideras que ofrecen sobre la época que estudiaste en este bloque?

Comenta con tu maestro y compañeros de grupo tus respuestas.

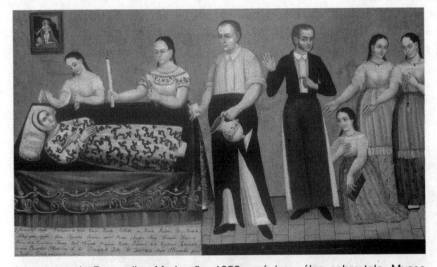

*La muerte de Bernardina Madrueño*, 1852, anónimo, óleo sobre tela, Museo Nacional de Arte.

*Valle de México desde el cerro de Santa Isabel*, siglo XIX, José María Velasco (1840-1912), óleo sobre tela, Museo Nacional de Arte.

# Temas para analizar y reflexionar

## INVESTIGO Y VALORO

Después de leer los testimonios que aparecen en la página 67, identifica los siguientes aspectos.:

- La fecha, el lugar y el autor de cada texto.

- Investiga el significado de cada palabra que no entiendas.

- Identifica la idea principal de cada texto; ¿cuál de ellos corresponde a los liberales y cuál a los conservadores?

- En equipos, elaboren un texto en el que resuman a qué atribuyó el grupo conservador su derrota y qué mencionó el grupo liberal respecto de la victoria.

- ¿Qué opinas acerca de sus comentarios? Coméntenlo en grupo.

## "Las armas nacionales se han cubierto de gloria"

Después de la Batalla de Puebla del 5 de mayo de 1862, en la que el ejército mexicano derrotó a los batallones invasores de Francia, el general Ignacio Zaragoza, en un documento dirigido al presidente, afirmó: "El ejército francés se ha batido con mucha bizarría [valor]; su general en jefe se ha portado con torpeza en el ataque. Las armas nacionales […] se han cubierto de gloria".

Cada bando opinó acerca de lo acontecido según sus intereses políticos. En las siguientes páginas leerás dos textos con posturas diferentes acerca de la Batalla de Puebla y la intervención francesa; uno corresponde a los liberales y otro a los conservadores.

*Batalla del 5 de mayo de 1862,* 1903, José Cusachs (1851-1908), óleo sobre tela.

## El Siglo Diez y Nueve

(6 de mayo de 1862)

### Editorial

Nuestra primera victoria tiene una significación más alta en lo político, en lo moral [...] México, el país devorado por la anarquía, el país devastado por la guerra civil, tiene fuerza y ardimiento suficientes para defender su independencia y sus instituciones contra la agresión injusta de la primera potencia militar del mundo.

[...] En México hay adhesión a la independencia, y [...] vive un pueblo libre que ha sabido darse instituciones y criar un gobierno regular [...] México ha desmentido [...] en los campos de batalla, las calumnias de los traidores que han andado en Europa mendigando el yugo de un príncipe estrangero [sic], y que han hecho creer al emperador de los franceses, que aquí las poblaciones se alzarían contra el gobierno democrático y reformista para implorar de rodillas la intervención.

El éxito final debe preocupar poco al pueblo mexicano: una guerra defensiva comenzada con acontecimientos tan gloriosos como los de ayer está llamada a triunfar, porque tiene de su lado, la justicia y el derecho, la civilización y la libertad...

### Francisco de P. Arrangoiz

El desprecio de la generalidad de los jefes franceses a los consejos de los conservadores mexicanos conocedores del país ha sido causa de muchos contratiempos durante la campaña: fue el primero el de Puebla, de cuya ciudad no debió haberse ocupado el general Lorencez, sino como se lo aconsejaban los mexicanos, haber marchado sobre la capital, en donde habría entrado sin resistencia, evitando por este medio el derramamiento de sangre, la pérdida de tiempo y los sacrificios posteriores.

El 5 de mayo atacaron Puebla las tropas del general Lorencez [...] por el cerro de Guadalupe, que era el más alto: fueron rechazados con grandes pérdidas.

A pesar de la lealtad de las tropas conservadoras mexicanas, Lorencez, con las faltas de tacto que tanto han distinguido a los tres generales franceses que mandaron en México y queriendo disculparse de su imprevisión y obstinación en atacar el cerro de Guadalupe, publicó una proclama para felicitarlas por la acción de Barranca Seca...

## PARA SABER MÁS

Para profundizar en el tema, entra al sitio: <http://www.inehrm.gob.mx> y haz clic en la sección "Noticieros Históricos", después en "Defensores de la Patria".

También pregunta a tu profesor por este libro de la Biblioteca Escolar: María Cristina Urrutia y Rebeca Orozco, *La batalla del 5 de mayo, ayer y hoy*, México, SEP-Ediciones Tecolote, 1996 (Libros del Rincón).

*Batalla del 5 de mayo de 1862,* anónimo, 1870, óleo sobre tela, Museo Nacional de las Intervenciones.

## PARA SABER MÁS

Pueden consultar la siguiente página de internet <http://www.inehrm.gob.mx/5demayo/>.

También entren al portal Primaria TIC, <http://www.basica.primariatic.sep.gob.mx>, y en el buscador escriban Estampas sonoras del Bicentenario y escuchen "Las armas nacionales se han cubierto de gloria".

## Los periódicos de la época: escenario para las ideas y la caricatura

La libertad de expresión es un valor muy importante que actualmente es un derecho fundamental. La conquista de éste y otros derechos la debemos en gran parte a la generación de liberales que gobernó al país desde la revolución de Ayutla.

Durante el gobierno de Benito Juárez se logró garantizar la libertad de expresión, lo que permitió la fundación de nuevos periódicos, que empleaban textos y caricaturas para formular críticas y expresar ideas. La prensa ejerció su libertad de escribir y publicar lo que quisiera. Debido a ello, muchos políticos, funcionarios y eclesiásticos fueron objeto de críticas, y hasta el mismo Juárez fue atacado en algunas publicaciones.

Una de las disposiciones que tuvo gran importancia para la libertad de expresión es el *Decreto del gobierno sobre libertad de imprenta*, emitido por Benito Juárez y publicado en 1861, que determina lo siguiente:

Litografía de Constantino Escalante publicada en *La Orquesta*, el 31 de mayo de 1862.

- Existe la libertad de escribir y publicar textos sobre cualquier tema.
- Sólo se castigará a quien ataque la moral, los derechos de terceros, provoque algún crimen o delito o perturbe el orden público.
- Se falta a la vida privada cuando se atribuya a un individuo algún vicio o delito sin bases o pruebas; a la moral, cuando se defienda o aconseje algún vicio o delito;  se ataca el orden público cuando se aliente a los ciudadanos a no obedecer las leyes, a las autoridades legítimas o también oponerse a ellas.

### INVESTIGO Y VALORO

Actualmente, la libertad de expresión puede apreciarse en libros, periódicos, televisión, radio, internet, entre otros medios. Reflexiona y contesta las siguientes preguntas.

- ¿Cómo consideras que sería México si no tuviéramos la libertad de expresar lo que sentimos, pensamos y queremos? ¿Qué cambiaría?

- ¿Qué es lo más importante que destacas del decreto emitido por Benito Juárez? Anota en tu cuaderno tus conclusiones y coméntalas con el grupo.

Periódico *El Siglo Diez y Nueve*.

# Lo que aprendí

1. Completa la siguiente tabla. Recupera de tu cuaderno lo que escribiste en "Mi respuesta inicial" y lo que anotaste de nueva información en cada tema. ¿Tu respuesta inicial cambió a partir de lo que aprendiste? ¿Por qué?

| Pregunta detonadora de bloque | ¿Por qué había que reformar al país? |
| --- | --- |
| Mi respuesta inicial | |
| Nueva información que obtuve al estudiar el bloque II | |
| Mi respuesta final | |

2. Completa el siguiente cuadro. Al terminar, reflexiona acerca de lo que estudiaste en el bloque. Coméntalo con tu maestro y el grupo.

| Marca con una "X" tu nivel de desempeño durante el bloque | | Excelente | | Regular | | Requiero esforzarme más |
|---|---|---|---|---|---|---|

**Escribe: ¿Qué necesitarías para mejorar tu desempeño?**

_____

_____

_____

_____

_____

_____

_____

_____

_____

_____

# Evaluación

Subraya la respuesta correcta:

1. Grupo político partidario de que México fuera gobernado por un monarca europeo.

   a) Liberales.
   b) Conservadores.
   c) Federalistas.

2. Documento elaborado en 1854 que desconocía el gobierno de Santa Anna.

   a) Plan de Iguala.
   b) Plan de Ayutla.
   c) Plan de Casa Mata.

3. La Iglesia católica consideraba que la Constitución de 1857 afectaba sus privilegios, porque:

   a) Prohibía que se practicara la religión católica.
   b) Nacionalizaba sus bienes que fueran improductivos.
   c) Prohibía que se impartiera educación religiosa en las escuelas públicas.

4. Con motivo del triunfo de la República, el 15 de julio de 1867, Benito Juárez expidió un Manifiesto a la Nación que decía:

   Mexicanos:
   Encaminemos ahora todos nuestros esfuerzos a obtener y a consolidar los beneficios de la paz. Bajo sus auspicios, será eficaz la protección de las leyes y de las autoridades para los derechos de todos los habitantes de la República. Que el pueblo y el gobierno respeten los derechos de todos. Entre los individuos como entre las naciones, el respeto al derecho ajeno es la paz.

- ¿De qué trata el texto?

_____

_____

- ¿Qué significado tiene la frase: "Entre los individuos como entre las naciones, el respeto al derecho ajeno es la paz"?

_____

_____

- ¿Cómo la aplicarías en tu casa o en tu escuela?

_____

_____

- ¿Alguna vez le has faltado el respeto a otra persona? Si contestas sí o no, argumenta por qué.

_____

_____

- ¿Por qué es importante respetar a los demás?

_____

_____

# BLOQUE III

## Del Porfiriato a la Revolución Mexicana

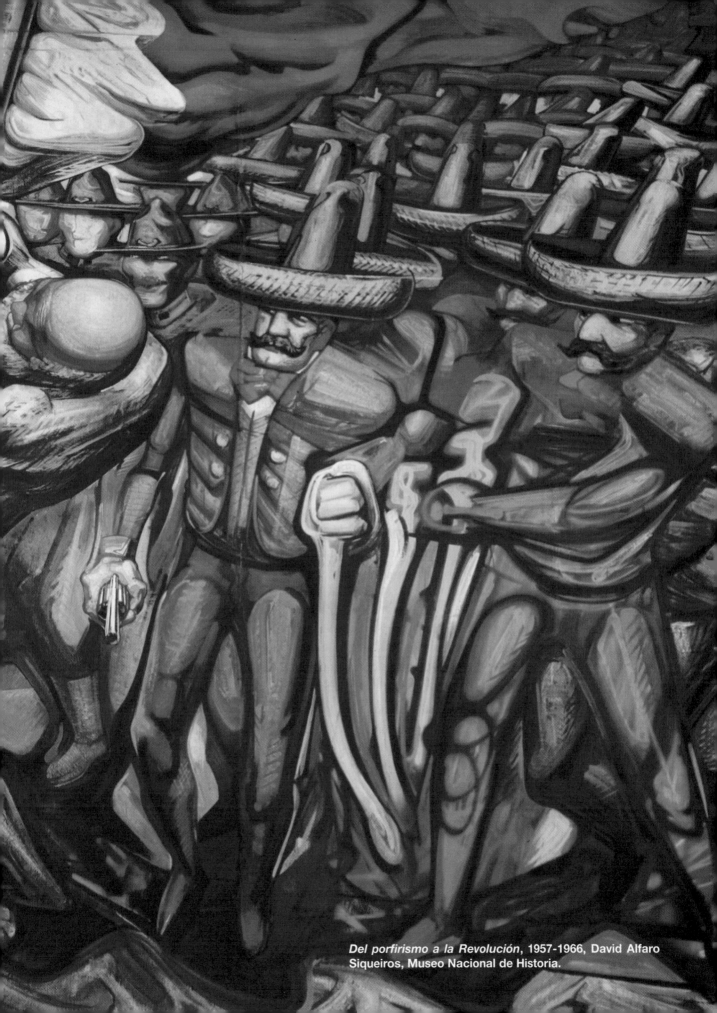

*Del porfirismo a la Revolución*, 1957-1966, David Alfaro Siqueiros, Museo Nacional de Historia.

# Panorama del periodo

## Ubicación temporal y espacial de los principales acontecimientos durante el Porfiriato y la Revolución Mexicana

Entre 1870 y 1920, nuestro país vivió cambios muy importantes. Con la llegada de Porfirio Díaz a la presidencia se inició la recuperación de la economía y la reconciliación entre los grupos que hasta entonces se disputaban el poder; con nuevos préstamos se restructuró la deuda externa y otros países invirtieron en México.

Sin embargo, gran parte de la población continuó viviendo en la miseria, sometida a trabajos excesivos y con poca paga, lo cual produjo descontento. Para mantener el orden, Porfirio Díaz estableció un gobierno autoritario: reprimió duramente a quienes no estaban de acuerdo con él, limitó la libertad de expresión y se mantuvo en la presidencia por más de 30 años, negándose a efectuar elecciones libres.

En este bloque estudiarás las características de ese gobierno y el estallido de la Revolución Mexicana, la cual condujo a la redacción de una nueva Constitución que planteó soluciones a muchos de los problemas del país.

### PARA INICIAR

Observa con atención la imagen que ilustra la entrada del bloque III y contesta las siguientes preguntas.

- ¿De qué trata la imagen?
- ¿Quiénes participan y a qué grupo social pertenecen?
- ¿Cómo crees que se sienten las personas que están ahí? ¿Por qué?
- ¿Qué periodos históricos representa la imagen?

Retrato de Porfirio Díaz.

## CUÁNDO Y DÓNDE PASÓ

1. Observa la línea del tiempo de este bloque y responde.
   - ¿Cuántas décadas duró el Porfiriato?
   - ¿Cuánto tiempo gobernó Francisco I. Madero?

2. Identifica los siglos a los que corresponden estos hechos históricos.
   - Construcción del ferrocarril México-Ciudad Juárez.
   - Francisco I. Madero es elegido presidente de México.
   - Constitución de 1917.
   - Inicio de la explotación del petróleo.

3. Observa el mapa histórico y su simbología para responder las siguientes preguntas.
   - Identifica en qué regiones o entidades hubo influencia de los caudillos: Álvaro Obregón, Francisco Villa, Pablo González y Emiliano Zapata.
   - ¿Dónde ocurrieron los siguientes hechos históricos?
     - Muerte de Zapata
     - La Decena Trágica
     - Muerte de Carranza
   - ¿Qué estados señalan brotes revolucionarios?
   - ¿De qué entidad partió Porfirio Díaz rumbo a Francia?

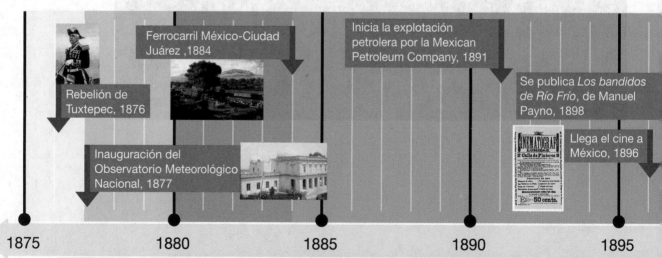

Ferrocarril México-Ciudad Juárez ,1884

Inicia la explotación petrolera por la Mexican Petroleum Company, 1891

Rebelión de Tuxtepec, 1876

Se publica *Los bandidos de Río Frío*, de Manuel Payno, 1898

Inauguración del Observatorio Meteorológico Nacional, 1877

Llega el cine a México, 1896

1875    1880    1885    1890    1895

1er periodo de Díaz (1877-1880)

Presidencia de Manuel González (1880-1884)

Porfirio Díaz president Dictadura (1884-1911)

Revolución Mexicana, 1910-1920

ESTADOS UNIDOS

Aguà Prieta,
Plan 1920

Ciudad Juárez,
Tratado 1911

Casas Grandes
1911

1910

1910

1912

Parral
Muere Villa, 1923

1913

Golfo de México

Torreón,
1914

Paredón, 1914

Océano Pacífico

Golfo de California

1910

1912

Trópico de Cáncer 23° 27'

Zacatecas, 1914

San Luis Potosí, Plan 1910

Porfirio Díaz abandona
el país, 1911

Aguascalientes
Convención 1914

Querétaro,
Constitución 1917

Celaya, 1915

Mar Caribe

**Simbología**

Campañas del Ejército Constitucionalista

Campaña del Ejército del Noroeste
Álvaro Obregón

Campaña de la División del Norte
Francisco Villa

Campaña del Ejército del Noreste
Pablo González

Campaña del Ejército Libertador del Sur

Emiliano Zapata

✕ Batallas importantes

✳ Estados con brotes revolucionarios

○ Hechos notables

Límite estatal

Límite internacional

México, Decena Trágica: 1913
mueren Madero
y Pino Suárez

1910

Chinameca, Morelos
muere Zapata,1919

Veracruz

BELICE

Tlaxcalantongo
Muere Carranza, 1920

1912

GUATEMALA

Escala 1:23 263 000
0        300       600 km.

Plan de Ayala, 1911

HONDURAS

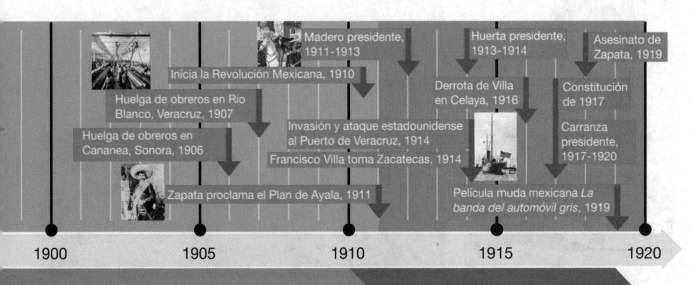

Madero presidente,
1911-1913

Huerta presidente,
1913-1914

Asesinato de
Zapata, 1919

Inicia la Revolución Mexicana, 1910

Derrota de Villa
en Celaya, 1916

Constitución
de 1917

Huelga de obreros en Río
Blanco, Veracruz, 1907

Invasión y ataque estadounidense
al Puerto de Veracruz, 1914

Carranza
presidente,
1917-1920

Huelga de obreros en
Cananea, Sonora, 1906

Francisco Villa toma Zacatecas, 1914

Zapata proclama el Plan de Ayala, 1911

Película muda mexicana *La
banda del automóvil gris*, 1919

1900         1905         1910         1915         1920

**Lucha armada**

# Temas para comprender el periodo

## ¿Por qué surgió la Revolución Mexicana?

### PARA OBSERVADORES

1. Escribe en tu cuaderno la pregunta que aparece al inicio de esta página con el título "Mi respuesta inicial".

2. A continuación, observa la secuencia de imágenes. ¿Qué escribirías como posible respuesta para esa pregunta?

3. Al estudiar este bloque, irás registrando la información nueva que encuentres en cada tema y que esté relacionada con la pregunta.

4. Al terminar el bloque III, completa el esquema de la sección **Lo que aprendí** y utiliza la información que registraste en tu cuaderno.

"A rey muerto, principe coronado".

Obreras en Río Blanco, Veracruz.

##  LEO Y COMPRENDO

Después de estudiar cada tema para comprender el periodo, elabora en tu cuaderno un esquema como el siguiente y responde las preguntas, según se presente la información en tu libro.

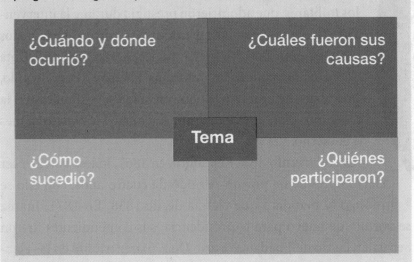

¿Cuándo y dónde ocurrió?

¿Cuáles fueron sus causas?

**Tema**

¿Cómo sucedió?

¿Quiénes participaron?

Portada de la Constitución Política de 1917.

Hacienda henequenera en Yucatán.

## Las diferencias políticas entre los liberales y la consolidación de la dictadura de Porfirio Díaz

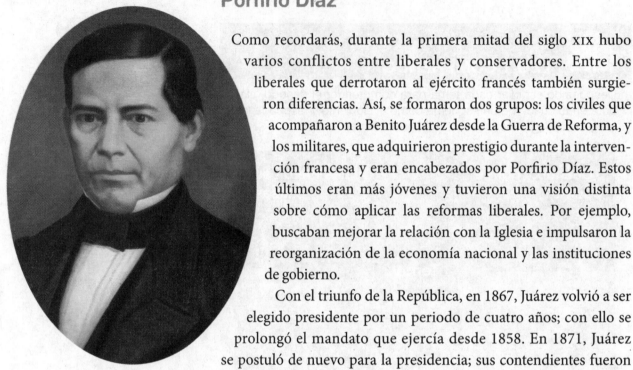

Como recordarás, durante la primera mitad del siglo XIX hubo varios conflictos entre liberales y conservadores. Entre los liberales que derrotaron al ejército francés también surgieron diferencias. Así, se formaron dos grupos: los civiles que acompañaron a Benito Juárez desde la Guerra de Reforma, y los militares, que adquirieron prestigio durante la intervención francesa y eran encabezados por Porfirio Díaz. Estos últimos eran más jóvenes y tuvieron una visión distinta sobre cómo aplicar las reformas liberales. Por ejemplo, buscaban mejorar la relación con la Iglesia e impulsaron la reorganización de la economía nacional y las instituciones de gobierno.

Con el triunfo de la República, en 1867, Juárez volvió a ser elegido presidente por un periodo de cuatro años; con ello se prolongó el mandato que ejercía desde 1858. En 1871, Juárez se postuló de nuevo para la presidencia; sus contendientes fueron Sebastián Lerdo de Tejada y Porfirio Díaz. Juárez triunfó en las elecciones y como repudio a ese triunfo, Díaz proclamó el Plan de la Noria, en el que exigía la no reelección y hacía un llamado a desconocer al gobierno. Aunque Díaz tuvo seguidores, la revuelta no se extendió, pues meses más tarde Juárez murió. Ante este suceso, Sebastián Lerdo de Tejada, presidente de la Suprema Corte de Justicia, asumió la presidencia de la república de forma interina y convocó a nuevas elecciones, en las cuales resultó ganador.

Lerdo de Tejada fue presidente de 1872 a 1876; durante su mandato se enfrentó a la Iglesia porque aplicó con rigidez las Leyes de Reforma. Asimismo impulsó el federalismo, la separación y el equilibrio de los tres poderes, la participación pública mediante el voto y el respeto a los derechos civiles.

Terminado su periodo, Lerdo buscó reelegirse, lo cual provocó la inconformidad del Congreso y de Porfirio Díaz. Éste volvió a levantarse en armas, y se puso al frente del Plan de Tuxtepec, en el que exigía de nueva cuenta la no reelección. Díaz recibió un amplio respaldo de gran parte de la población y finalmente Lerdo se vio obligado a renunciar y a **exiliarse** en Estados Unidos.

Benito Juárez (1806-1872).

Sebastián Lerdo de Tejada (1823-1889).

**Exilio.** Abandonar el país de origen por causas políticas.

Litografía que representa la victoria del Plan de Tuxtepec.

Porfirio Díaz fue elegido presidente y asumió el cargo en 1877. Los primeros años de su gobierno fueron de ajustes y buscó la paz. Consiguió aliarse con más grupos y fortalecer su poder mediante la conciliación; por ejemplo, pactó con los caciques regionales y puso a sus hombres de confianza al mando del ejército. También trató de unificar a los liberales y reconciliar al gobierno con la Iglesia y los conservadores.

El primer periodo presidencial de Díaz duró hasta 1880; el general Manuel González, quien lo sustituyó en el cargo, era su amigo cercano. Durante su gobierno continuó la reorganización del país: se construyeron vías férreas, se creó el Banco Nacional de México y, además, se reabrió el Colegio Militar. También se firmó el Tratado de Límites con Guatemala, se estableció la primera fábrica de armas en el país y se fortalecieron las relaciones diplomáticas con Estados Unidos y Europa.

Dictadura. Gobierno que ejerce el poder de manera autoritaria, usando a su conveniencia las leyes de un país.

En 1884, el general Díaz volvió a ocupar la presidencia. Las acciones que emprendió le permitieron fortalecer su poder y mantener la estabilidad. Contó con el apoyo de políticos, militares, inversionistas, terratenientes y de las clases medias, quienes consideraban que debía permanecer en el gobierno para mantener el orden y el crecimiento económico.

En los siguientes años Díaz se reeligió cinco veces consecutivas. Su gobierno se convirtió en una **dictadura** porque eliminó las libertades políticas, censuró a la prensa, reprimió las protestas sociales, impidió que se llevaran a cabo elecciones libres, e impuso a los gobernadores de los estados; además, las instituciones de justicia y el Poder Legislativo obedecían sus órdenes. Esta etapa de la historia de México se conoce como Porfiriato.

Caricatura publicada en *La Orquesta* (1877), titulada "A rey muerto, príncipe coronado", con motivo de la toma de posesión de Porfirio Díaz como presidente.

Caricatura publicada en *El Hijo del Ahuizote*, titulada *Una ofrenda a Porfiriopoxtli*.

## COMPRENDO Y APLICO

Observa las caricaturas de las páginas 84 y 85 y responde en tu cuaderno las siguientes preguntas:

■ En la caricatura de la página 84, ¿a quién están coronando?, ¿a qué se refiere la frase "A rey muerto, príncipe coronado"?, ¿quién es el rey que murió?

■ En la caricatura de la página 85, ¿por qué crees que México era representado como una **torre de Babel**?, ¿por qué en la cima de la torre dice "Tuxtepec y Río Blanco"?, ¿qué grupos sociales identificas?

■ En la caricatura titulada *Una ofrenda a Porfiriopoxtli*, ¿qué idea de Porfirio Díaz ofrece la imagen?, ¿qué palabras se incluyen en la caricatura?, ¿a quién están sacrificando?, ¿por qué?

■ ¿En qué aspectos de las tres caricaturas se puede observar la burla o sátira al gobierno de Porfirio Díaz?, ¿cuál es el mensaje que se quiere transmitir a través de las caricaturas?

Caricatura publicada en *La Orquesta,* que representa a México como una torre de Babel.

**Torre de Babel.** Según la Biblia fue una edificación que empezaron a construir los babilonios con el propósito de llegar al cielo; se dice que Dios castigó el orgullo y la soberbia del ser humano, haciendo que los constructores hablaran distintas lenguas y con la confusión ya no pudieran comunicarse.

## El Porfiriato

**Estabilidad, desarrollo económico e inversión extranjera**
En el área económica, Porfirio Díaz buscó atraer inversiones extranjeras, para lo cual ofreció a los empresarios facilidades y ventajas para hacer negocios en México.

La minería, la electricidad, el petróleo, la construcción de ferrocarriles, la producción de hilados y tejidos, y en general las comunicaciones (teléfonos, telégrafos, bancos, puertos) fueron las principales actividades económicas de la época, que atrajeron inversiones de empresarios de Estados Unidos, Francia, Alemania e Inglaterra.

Gracias a las inversiones, tanto extranjeras como nacionales, se reactivó el comercio, se estimuló el crecimiento de las ciudades, se generó empleo y se impulsó la producción agrícola; todo esto permitió que mejoraran las condiciones de vida de la clase media y de los profesionistas. No obstante, los beneficios de esta prosperidad no llegaron a los otros sectores de la población, como campesinos, obreros, artesanos, jornaleros, pequeños comerciantes e indígenas.

Mineros durante el Porfiriato.

Hacia 1884, la inversión extranjera era de 100 millones de pesos; para finales del Porfiriato se elevó 34 veces más y estaba repartida como se indica en el siguiente cuadro.

| Países | Porcentaje de inversión |
|---|---|
| Alemania | 1.9% |
| Estados Unidos | 38% |
| Francia | 26.7% |
| Holanda | 1.6% |
| Inglaterra | 29.1% |
| Otros | 2.7% |
| Estos países invirtieron en agricultura, industrias textil, petrolera y minería. | |

Fábrica de Hilados de Río Blanco, Orizaba, Veracruz.

### COMPRENDO Y APLICO

A partir de los datos presentados en el cuadro, en tu cuaderno elabora una gráfica ordenando los porcentajes del mayor al menor. Posteriormente, contesta las siguientes preguntas.

■ ¿Cuáles fueron los países que invirtieron más en México?

■ ¿Qué beneficios y qué desventajas piensas que obtuvo México con esa inversión?

A continuación, observa el mapa de esta página. ¿Cuáles fueron los estados en donde se construyeron más vías férreas?, ¿por qué?

■ Consulta el mapa de vías férreas que se encuentra en la p. 41 del *Atlas de México* y compara las vías férreas actuales con las que había en el Porfiriato. ¿Cuáles se conservan? ¿A qué crees que se deba esto?

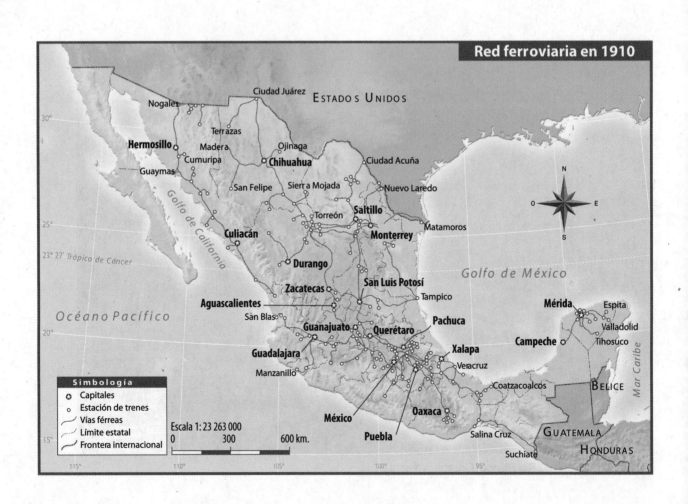

Red ferroviaria en 1910

## Ciencia, tecnología y cultura

A fines del siglo XIX empezó un proceso de modernización en nuestro país, debido al cual la vida en algunas ciudades tuvo cambios notables; en general, la tecnología transformó la vida y el paisaje de diversas regiones del país. Por ejemplo, se construyeron numerosas vías ferroviarias, lo que ayudó a la integración y al fortalecimiento económico de diferentes zonas del país, pues los viajes en tren resultaron más rápidos, cómodos y seguros. También se introdujeron otros transportes, como el automóvil, el tranvía eléctrico y la bicicleta, que permitieron mejorar el traslado de personas y sustituyeron las carretas y los tranvías tirados por mulas.

Las comunicaciones y otros avances tecnológicos modificaron la vida de los mexicanos. Con la generación y el uso de la electricidad en las ciudades se favoreció una actividad nocturna más intensa. Por ejemplo, el cinematógrafo ofreció

Cartel de inauguración del tranvía de la ciudad de México elaborado por José Guadalupe Posada.

Ferrocarril porfiriano en Jalisco.

## PARA SABER MÁS

Para profundizar en el tema entra al portal Primaria TIC, <http: //basica.primariatic. sep.gob.mx>, y en el buscador escribe Los tiempos de don Porfirio y Porfiriato: política social y cultural.

nuevos espacios de diversión y esparcimiento a la sociedad; la cámara fotográfica representó un medio para perpetuar escenas cotidianas y personajes de la época, y los teléfonos se volvieron el contacto entre los comercios y las familias adineradas que tenían acceso a este medio de comunicación.

Sin embargo, la introducción de estos avances hizo más evidentes las desigualdades sociales en el país y el crecimiento económico fue sólo para unos cuantos. Las ciudades fueron el escenario en donde se podían observar con claridad los enormes contrastes entre ricos y pobres.

Porfirio Díaz visitando la Escuela Nacional de Bellas Artes.

Escena de la primera película filmada en México (*El Presidente de la República paseando a caballo en el Bosque de Chapultepec*, 1896), por los representantes de los Lumière, Claude Ferdinand Bon Bernard y Gabriel Veyre.

## UN DATO INTERESANTE

A fines del siglo XIX la educación superior estaba prohibida para las mujeres. No obstante, entre 1886 y 1889 se graduaron la primera dentista, la primera cirujana y la primera abogada.

La primera médica mexicana fue Matilde Montoya. A pesar de todos los obstáculos que enfrentó a lo largo de su vida para lograrlo, en 1887 recibió su título profesional.

## La sociedad porfiriana y los movimientos de protesta: campesinos y obreros

Una vez establecidas las reformas liberales, el país continuó con el problema de la propiedad de la tierra; para ello el gobierno puso a la venta las tierras comunales y de la Iglesia, ofreciéndolas a quienes tuvieran recursos para adquirirlas. Algunos empresarios y hacendados compraron grandes extensiones de tierra y formaron latifundios. Aunque de esta forma lograron aumentar la producción agropecuaria, afectaron a otros sectores de la población, como las comunidades indígenas y campesinas y a pequeños rancheros, quienes perdieron sus propiedades y no pudieron competir con los grandes hacendados.

Esta situación provocó el descontento de gran parte de la población rural mexicana y dio pie a levantamientos campesinos en los actuales estados de Veracruz, Hidalgo, México, Chihuahua, San Luis Potosí, Nayarit, Sonora, Guerrero, Oaxaca, Chiapas, Yucatán y en el Distrito Federal, los cuales fueron reprimidos con violencia.

Unos cuantos mexicanos y algunos extranjeros eran los dueños de la tierra y las fábricas. En cambio, la mayoría de la población no poseía siquiera una parcela para sembrar, ni podía trabajar de forma independiente a causa de la falta de recursos; por lo que trabajaban como obreros en las fábricas o como peones en las haciendas.

Damas en la platea de un hipódromo.

Obreras en Río Blanco, Veracruz, *ca.* 1906.

**Latifundio.** Gran extensión de tierra que sirve para las labores agrícolas y ganaderas y que pertenece a un hacendado, empresario o político.

Grabado de José Guadalupe Posada sobre la situación de los trabajadores en algunas haciendas.

Tanto en el campo como en las fábricas, la jornada de los obreros y peones era de 12 a 15 horas diarias y recibían un salario que no alcanzaba para cubrir sus necesidades básicas. Con frecuencia se les pagaba con vales en lugar de dinero, para comprar en las tiendas de raya, que era el lugar donde vendían a costos muy altos los alimentos básicos; esta forma de pago los obligaba a solicitar préstamos por adelantado, que muchas veces los endeudaban de por vida; además en las haciendas frecuentemente eran maltratados. Esta explotación era posible porque no existían leyes que protegieran a los trabajadores. Los mejores puestos eran para los extranjeros y se dejaba de lado a los trabajadores mexicanos.

Ante esta situación, los obreros se organizaron en **sindicatos** y asociaciones para defender sus derechos. Utilizaron la **huelga** como recurso para exigir mejores condiciones de trabajo, pero estos movimientos fueron reprimidos por el gobierno porfirista. Entre las huelgas más importantes destacaron la de los mineros de Cananea, Sonora, en 1906, y la de la fábrica textil de Río Blanco, Veracruz, en 1907.

**Sindicato.** Grupo de trabajadores unidos para la defensa y mejora de sus condiciones laborales.

**Huelga.** Suspensión de labores en un centro de trabajo para exigir a los patrones mejorar las condiciones laborales, como aumento de salario, prestaciones y seguridad, entre otras.

Hacienda henequenera en la época del Porfiriato.

## COMPRENDO Y APLICO

### Cananea, 2 de junio de 1906

En un franco desafío a las autoridades patronales, los mineros de la Cananea Copper Co. se lanzaron ayer a la huelga, para manifestar su descontento por las condiciones laborales y por la notoria diferencia que priva entre los mexicanos y los norteamericanos que trabajan en la empresa. Los primeros ganan tres pesos por jornadas de diez y doce horas, mientras que los segundos reciben siete pesos por menos horas de trabajo. El presidente de la compañía, el coronel William C. Greene, demostró su asombro al ver que todos los mexicanos participan en la huelga. Contestó el pliego petitorio de los mismos mineros en términos que invalidan las exigencias de los trabajadores.

El pliego petitorio de los mineros incluye, entre otros puntos, sueldo mínimo de cinco pesos diarios con ocho horas de trabajo; los mismos derechos para mexicanos y norteamericanos y ocupar en la compañía 75% de mexicanos.

La situación en Cananea se ha vuelto crítica. La masa de mineros desfila por las calles y se ha colocado en pleno reto, enfrente de las oficinas de la empresa. Los norteamericanos se encuentran adentro parapetados y con las armas en la mano, dispuestos a defender sus intereses a cualquier precio…

Fuente: *Tiempo de México*, México, SEP, 1984.

**Lee el siguiente texto y contesta las preguntas en tu cuaderno.**

- ¿Qué motivó la huelga?
- ¿Quiénes la iniciaron?
- ¿Cuáles eran sus demandas?
- ¿Consideras que las peticiones eran justas?, ¿por qué?

Si fueras el dueño de la empresa, ¿qué harías para evitar una huelga?

- Escribe en tu cuaderno un texto de cinco renglones en el que describas las condiciones de vida de los obreros y los campesinos durante el Porfiriato.
- Al terminar, pidan a su profesor que se lean algunos textos ante el grupo y, al finalizar las lecturas, analicen sus puntos de vista.

### PARA SABER MÁS

Para profundizar en el tema entra al portal Primaria TIC, <http: //basica.primariatic.sep.gob.mx>, y en el buscador escribe **Porfiriato: descontento social**.

## La Revolución Mexicana

### El maderismo y el inicio de la Revolución Mexicana

Hacia finales del siglo XIX y principios del XX se formaron distintos grupos políticos que exigieron elecciones democráticas. Asimismo se fundaron periódicos opositores al gobierno, como *El Hijo del Ahuizote* en 1885, *El Demócrata* en 1893, *Regeneración* en 1900 y *Excélsior* en 1917.

En 1908, Porfirio Díaz concedió una entrevista al periodista estadounidense James Creelman, en la cual afirmó que no pensaba competir en las siguientes elecciones presidenciales, pues consideraba que México estaba listo para gobernarse democráticamente. Pero en realidad él no tenía la intención de abandonar el poder.

A fines de 1908, Francisco I. Madero publicó el libro *La sucesión presidencial en 1910*, en el cual propuso crear un partido político que se opusiera a la reelección de Díaz. Al año siguiente fundó el Partido Nacional Antirreeleccionista que lo postuló a la presidencia de la República. Como candidato, viajó por el país para dar a conocer sus ideas políticas, destacando entre ellas, su empeño en convertir a México en un país democrático, gobernado por la ley y donde los distintos grupos sociales vivieran en armonía.

Madero obtuvo gran apoyo durante su campaña electoral. Esto alarmó a Díaz, quien ordenó encarcelarlo bajo el cargo de sublevar a la población y de ultrajar a las autoridades. De este modo, las

### UN DATO INTERESANTE

Una corriente de pensamiento considerada precursora de la revolución fue el *magonismo*, encabezada por Enrique y Ricardo Flores Magón. Entre sus propuestas planteaban el terminar con el reeleccionismo y promover la participación ciudadana. Además, impulsar el mejoramiento y fomento de la educación y de las condiciones de trabajo.

Periódico dirigido por los hermanos Flores Magón.

### COMPRENDO Y APLICO

Lee el siguiente fragmento del libro *La sucesión presidencial en 1910*, escrito por Francisco I. Madero y publicado en diciembre de 1908.

Sobre todo, hay que tener presente que cualquier ventaja, cualquier concesión, cualquier conquista obtenida por las prácticas democráticas, será una cosa duradera, mientras que un triunfo, por importante que sea, obtenido con las armas, no hará sino agravar nuestra situación interior.

■ Identifica en el texto las "prácticas democráticas" a las que Madero se refería. ¿Cuáles son? ¿Qué importancia tienen para México en la actualidad? Examinen en grupo las respuestas y lleguen a una conclusión.

elecciones se realizaron mientras Madero se hallaba preso. Como se impidió el ejercicio del voto libre, Porfirio Díaz volvió a ganar la presidencia. Madero logró escapar y protestó por esta situación mediante el Plan de San Luis, el cual convocaba a la población a levantarse en armas contra el gobierno.

Su llamado encontró respuesta en diversas regiones del país: en Chihuahua, con Francisco Villa y Pascual Orozco; en Puebla, con los hermanos Aquiles, Máximo y Carmen Serdán, y en Morelos, con Emiliano Zapata. Para principios de 1911, los levantamientos se extendieron exitosamente por diferentes regiones. En mayo, el general Díaz renunció a la presidencia y abandonó el país. Enseguida se realizaron elecciones libres en las que resultó triunfador Francisco I. Madero, quien gobernó junto con el vicepresidente José María Pino Suárez.

Madero trató de gobernar con apego a la ley y respetando las libertades democráticas. Sin embargo, enfrentó graves problemas.

Francisco I. Madero (1873-1913).

*Sufragio efectivo, no reelección*, 1968, Juan O' Gorman, Museo Nacional de Historia.

Carmen Serdán (1875-1948).

Algunos de sus partidarios esperaban respuestas inmediatas a las demandas sociales, y al no obtenerlas se alzaron en armas nuevamente, como sucedió en el caso de Emiliano Zapata. Por otra parte, ni los antiguos porfiristas ni los empresarios extranjeros favorecidos por Díaz veían con buenos ojos al nuevo presidente.

En febrero de 1913, un grupo de militares apoyado por el embajador de Estados Unidos se rebeló contra el gobierno en la ciudad de México. Este episodio fue conocido como la "Decena Trágica", porque en los diez días que duraron los combates hubo muchos muertos. Madero y el vicepresidente José María Pino Suárez fueron asesinados por órdenes del general Victoriano Huerta, quien usurpó la presidencia.

Ante este hecho, Venustiano Carranza, gobernador de Coahuila, elaboró el Plan de Guadalupe, en el que desconocía a Victoriano Huerta como presidente y se autonombraba primer jefe del ejército constitucionalista, llamado así porque el plan exigía el respeto a la Constitución.

F. Deni, *Asesinato de Madero*, 1913, Museo Nacional de Historia.

## El desarrollo del movimiento armado y las propuestas de caudillos revolucionarios: Zapata, Villa, Carranza y Obregón

Durante la Revolución, en distintas partes del país se levantaron en armas grupos revolucionarios con diferentes proyectos políticos. Las fracciones se organizaron en torno a **caudillos** como Emiliano Zapata, Venustiano Carranza, Francisco Villa y Álvaro Obregón. Algunos de ellos elaboraron documentos en los que plasmaron sus demandas.

Con el Plan de Ayala, el movimiento zapatista expresaba las demandas de los campesinos que habían sido despojados por los hacendados porfiristas, por lo que los peones, los jornaleros y otros trabajadores del campo del centro y sur del país se unieron a dicho movimiento.

El movimiento villista representó los anhelos y las necesidades de los trabajadores del campo en el norte del país, quienes reclamaban tierras para trabajar. Villa elaboró la Ley General Agraria, en la que destacaba la reducción de las grandes propiedades territoriales a límites justos, distribuyendo equitativamente las tierras excedentes.

Venustiano Carranza fue gobernador de Coahuila durante el gobierno de Francisco I. Madero y a la muerte de éste se convirtió en el principal líder revolucionario. En septiembre de 1916, Carranza convocó un Congreso Constituyente en Querétaro que elaboró y promulgó una nueva Constitución para impulsar la industria y favorecer la educación.

Álvaro Obregón apoyó a Carranza y se sumó al ejército constitucionalista, pues coincidía con él en la idea de hacer de México un país próspero y moderno.

General Emiliano Zapata (1879-1919).

B III
97

**Caudillo.** Líder que por sus cualidades personales es reconocido como jefe político y militar. A cambio del apoyo y lealtad de sus seguidores, los caudillos realizaban acciones para satisfacer sus demandas.

## UN DATO INTERESANTE

El ferrocarril fue un medio de transporte muy utilizado durante la Revolución. Facilitó el traslado de grandes ejércitos a largas distancias. Esto le dio al movimiento armado un carácter dinámico. Por eso en los testimonios de la época (fotografías, películas y corridos) muchas veces los trenes figuran como protagonistas.

El general Francisco Villa y su escolta.

Victoriano Huerta.

Venustiano Carranza.

98

Cuando Victoriano Huerta usurpó la presidencia, Venustiano Carranza lo desconoció y se levantó en armas. Lo mismo hicieron los ejércitos de Obregón, Villa y Zapata. Además Estados Unidos se negó a reconocer su gobierno. Ante esto, en agosto de 1914 Huerta dejó el país y Carranza entró triunfante a la ciudad de México.

Con el triunfo, Carranza ocupó de manera interina la presidencia pero se enfrentó con muchos revolucionarios, entre ellos Zapata y Villa, quienes no estuvieron de acuerdo con él, porque pensaban que no se identificaba con los intereses del campesinado. Los jefes revolucionarios se reunieron en Aguascalientes y nombraron presidente a Eulalio Gutiérrez.

Niño soldado
con tambor.

Así, los revolucionarios quedaron divididos en dos bandos: por un lado los carrancistas, y por otro villistas y zapatistas. En el bando carrancista el general Álvaro Obregón dirigió con gran éxito el ejército constitucionalista. Bajo su mando las tropas de Carranza lograron victorias decisivas sobre sus adversarios en 1915.

Las ideas de reforma social quedaron plasmadas en el Plan de Ayala y la Ley Agraria.

## UN DATO INTERESANTE

Muchas veces los niños de entre siete y doce años desempeñaron diferentes actividades durante la lucha revolucionaria, aunque algunos participaron en el combate, otros tuvieron tareas, como tocar el redoble de tambores, ejecutar la diana militar, eran aguadores, caballerangos, mensajeros, centinelas y ayudaban a cocinar.

## PARA SABER MÁS

Para profundizar en el tema entra al portal Primaria TIC, <http://basica.primariatic.sep.gob.mx>, y en el buscador escribe Estampas sonoras de la historia. Revolución Mexicana; también puedes anotar Estampas sonoras del Bicentenario y Rutas sonoras del Bicentenario.

## COMPRENDO Y APLICO

Lee los siguientes fragmentos del Plan de Ayala y de la Ley Agraria y contesta en tu cuaderno las siguientes preguntas.

1. Identifica a los autores de los documentos.
2. ¿Qué proponen?
3. ¿Qué problemas se buscaba resolver con estos decretos?
4. ¿Quiénes serían beneficiados con estos decretos?

A continuación te presentamos un fragmento de cada uno.

## Plan de Ayala
### Noviembre de 1911

Art. 6º. Que los terrenos, montes y aguas que hayan usurpado los hacendados [...] o caciques a la sombra de la tiranía [...] entrarán en posesión de estos bienes [...] los pueblos o ciudadanos que tengan los títulos correspondientes de esas propiedades, de las cuales han sido despojados por la mala fe de nuestros opresores.

Art. 7º. En virtud de que la inmensa mayoría de los pueblos y ciudadanos mexicanos, no son más dueños que del terreno que pisan, sufriendo los horrores de la miseria sin poder mejorar su condición social [...] por estar monopolizados en unas cuantas manos las tierras, montes y aguas; por esta causa se expropiarán [...] a los poderosos propietarios de ellos, a fin de que los pueblos y ciudadanos de México obtengan ejidos, colonias, fundos legales para pueblos o campos de sembradura o de labor.

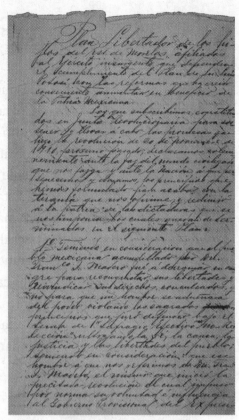

Plan de Ayala, 1911.

## Ley Agraria, mayo de 1915

Art. 1º. Se considera incompatible con la paz y la prosperidad de la República la existencia de las grandes propiedades territoriales.

Art. 3º. Se declara de utilidad pública el fraccionamiento de las grandes propiedades territoriales.

Art. 4º. Se expropiarán también los terrenos circundantes de los pueblos de indígenas en la extensión necesaria para repartirlos en pequeños lotes entre los habitantes de los mismos pueblos.

Art. 5º. Se declara igualmente de utilidad pública la expropiación de los terrenos necesarios para la fundación de poblados en los lugares en que se hubiere congregado o llegare a congregarse permanentemente un número tal de familias de labradores [...] y para la ejecución de obras que interesan al desarrollo de la agricultura parcelaria y de las vías rurales de comunicación.

Publicación de la Ley Agraria en el periódico *El Constitucionalista*.

## La Constitución de 1917 y sus principales artículos

Después de la victoria del bando constitucionalista sobre Villa y Zapata, Carranza convocó a un congreso en Querétaro con el propósito de reformar la Constitución del país. Una nueva propuesta de constitución se promulgó el 5 de febrero de 1917 y es la que actualmente nos rige.

Esta nueva Constitución federal retomó los principios liberales plasmados en la de 1857 y también incorporó principios nacionalistas y algunas demandas sociales por las que el pueblo había luchado durante la Revolución. Asimismo, ha sido reformada para adaptarla a los cambios de los tiempos, pero sus principios básicos siguen vigentes. Garantiza la igualdad ante la ley de todos los ciudadanos, las libertades de reunión, expresión y tránsito, así como otros derechos fundamentales plasmados en los siguientes artículos.

Portada de la Constitución Política de 1917.

Art. 3º. Establece que la educación que imparta el Estado será gratuita, laica y obligatoria.

Art. 27º. Establece que las tierras, montes, aguas y productos del subsuelo pertenecen a la nación. Con este artículo se reafirmaba el aspecto social de la propiedad. Así se sentaron las bases del reparto agrario y la expropiación del petróleo.

Art. 123º. Establece las relaciones obrero-patronales: la jornada laboral de ocho horas, el derecho a la seguridad y a la asistencia social, el derecho a huelga, la igualdad de oportunidades en el trabajo para todos los ciudadanos.

## La cultura revolucionaria

Durante la lucha revolucionaria participaron miles de personas, hombres, mujeres y niños, de diferentes grupos sociales. La mayoría fueron indígenas, campesinos, rancheros, obreros y empleados, entre otros.

La Revolución modificó la vida de las personas, sus valores y expresiones culturales. La violencia, los continuos traslados a otras regiones, las penurias de la guerra, el hambre y la pobreza desarraigaron a familias enteras, propiciando, en medio de la guerra y de los ejércitos federales y revolucionarios, un amplio intercambio cultural.

La música fue parte de la cotidianidad popular, los ejércitos pasaban largas horas vigilando y en espera de un posible ataque, pero a ratos y para entretenerse entonaban canciones o corridos, que contaban las hazañas e historias de los personajes o caudillos revolucionarios.

Con el tiempo, la cultura de la revolución pasó a formar parte de la cultura nacional, influyendo en expresiones artísticas como la música, la pintura, la escultura, la literatura y el cine.

### PARA SABER MÁS

Para profundizar en el tema, pregunta a tu profesor por el libro de la Biblioteca Escolar: *Cien corridos. Alma de la canción mexicana.* (*Antología*), México, SEP, 2003 (Libros del Rincón).

*La maestra rural*, detalle del mural "Construyendo un nuevo mundo", Diego Rivera.

## COMPRENDO Y APLICO

Lee con atención el siguiente corrido y contesta estas preguntas.

■ ¿Qué cuenta?

■ ¿En qué momento se desarrolla la canción?

■ ¿Cuál fue el papel de la mujer durante la revolución?

■ ¿Habrá existido Adelita?

## PARA SABER MÁS

Para profundizar en el tema, entra al portal Primaria TIC, <http://basica.primariatic.sep.gob.mx>, y en el buscador escribe corrido.

## La Adelita

En lo alto de una abrupta serranía,
acampando se encontraba un regimiento
y una moza que valiente lo seguía,
locamente enamorada del sargento.

Popular entre la tropa era Adelita,
la mujer que el sargento idolatraba;
porque a más de ser valiente era bonita
y hasta el mismo coronel la respetaba.

Y se oía que decía, aquel que tanto la quería:

Si Adelita quisiera ser mi novia,
y si Adelita fuera mi mujer;
le compraría un vestido de seda
para llevarla a bailar al cuartel.

Una noche que la escolta regresaba
conduciendo entre sus filas al sargento
por la voz de una mujer que sollozaba
la plegaria se escuchó en el campamento.

Al oírla el sargento temeroso
de perder para siempre a su adorada;
ocultando su emoción bajo el embozo
a su amada le cantó de esta manera:

Y se oía que decía, aquel que tanto la quería:

Si Adelita se fuera con otro,
la seguiría por tierra y por mar;
si por mar en un buque de guerra,
si por tierra en un tren militar.

Y después que terminó la cruel batalla
y la tropa regresó a su campamento;
por las bajas que causara la metralla

Muy diezmado se encontraba el regimiento.
Recordando aquel sargento sus quereres,

Los soldados que volvían de la guerra;
ofreciéndole su amor a las mujeres,
entonaban este himno de la guerra,

Y se oía, que decía, aquel que tanto la quería:

Y si acaso yo muero en campaña
y mi cadáver en la sierra va a quedar;
Adelita por Dios te lo ruego,
que por tus ojos me vayas a llorar.

Mario Arturo Ramos, *Cien corridos. Alma de la canción mexicana.* (*Antología*), México, SEP-Océano, 2003 (Libros del Rincón), p. 87.

# Temas para analizar y reflexionar

## La influencia extranjera en la moda y el deporte

Durante el Porfiriato, la cultura y el arte de México recibieron la influencia de otros países. La mayoría de las comunidades extranjeras establecidas en el país (españolas, alemanas, francesas, inglesas y estadounidenses) aportaron algunas de sus costumbres, modas, conocimientos técnicos, laborales, culinarios y creencias religiosas, que adoptaron principalmente los empresarios y los grupos adinerados.

Las familias de la aristocracia mexicana acostumbraban mandar a sus hijos a estudiar al extranjero, quienes en su mayoría regresaban como médicos, abogados, escritores o pintores y traían nuevos conocimientos, modas e influencias artísticas.

Público en las tribunas del hipódromo de la Condesa, ciudad de México.

Ciclistas del Club Centenario, ciudad de México.

## INVESTIGO Y VALORO

Observa la imagen de la página 105 detenidamente y lee los fragmentos que describen algunos aspectos de la vida cotidiana en esta época, a continuación, contesta lo que se te pide.

De acuerdo con la imagen:

■ Cómo era la vestimenta de las mujeres?

■ ¿De qué país proviene? ¿Por qué?

De acuerdo con los textos:

■ ¿Qué es quincallería?

■ ¿Qué tipo de personas podían adquirir esos artículos?

■ ¿Qué países influyeron en la moda nacional?

■ ¿Por qué copiar lo extranjero, en lugar de desarrollar algo propio?

■ Además de la moda, ¿en qué otros aspectos habrá influido la cultura europea?

■ ¿Cuáles de los establecimientos mencionados aún existen?

En equipo, escriban un reportaje acerca de cómo se dio la influencia extranjera en la cultura mexicana.

La élite mexicana adoptó rápidamente las formas de diversión de los estadounidenses e ingleses. Se fundaron clubes, casinos y centros de actividad social, deportiva y cultural. *El Lakeside Sailing Club* organizaba regatas en los lagos de Chalco y Xochimilco. El *Jockey Club*, el *Reforma Country Club* y el *Monterrey Gymnastic Club*, contaban con campos de golf, canchas de tenis, y salas para teatro, bailes y conciertos.

La influencia francesa también fue notoria en la vida cotidiana de la sociedad mexicana de la época. Se observó en las costumbres urbanas, como en los cafés, restaurantes, la literatura, la moda, las diversiones y en las funciones de ópera, ballet, conciertos y bailes.

Asimismo, se destacó en las construcciones, como el Palacio de Bellas Artes y el edificio de Correos en la ciudad de México y el teatro Juárez, en Guanajuato, La Paz, en San Luis Potosí, Doblado, en León, Calderón, en Zacatecas, y Peón Contreras, en Mérida.

## La moda

Con la última creación
de la moda caprichosa
Nuestra grave situación
Cada día es más apremiosa
Pues nos pone fea la cosa
Esa falda pantalón
Qué a la mujer volverá
Déspota, esquiva, orgullosa
Si se quiere hasta imperiosa
Más que un hombre… ¡ja, ja, ja!
Mientras ellas presurosas
En el Banco, en el Express
Con su pantalón, fachosas
Hablándonos en inglés
Irán contestando "yes"

Muy serias y pretenciosas
"¡Achits! La mera verdá…"
Inspirando entre otras cosas
Gran respeto las gravosas
Empleaditas… ¡ja, ja, ja!
Y también el automóvil
Guiará con intrepidez,
Dejando al transeúnte inmóvil
La "chofera" del inglés
Y está seguro su cliente
Que poco tiempo estará
Esperándola impaciente
Pues pronto no lo verá
Parado, pues, dirigente
Irá el auto… ¡ja, ja, ja!

J. Garciadiego (coord.), *Gran historia de México ilustrada*, México, Planeta DeAgostini-Conaculta-INAH, 2001.

La quincallería es la especialidad de los alemanes: ocupa junto con las tiendas de cristalería y vidriería, las calles de la Palma y del Refugio. Los sombreros franceses y alemanes se encuentran en el Portal de las Flores y el Portal de Mercaderes. Los modistas y los sastres, franceses casi todos, han escogido las calles de San Francisco, la Profesa y Espíritu Santo; los americanos tienen media docena de bancos y una veintena de tiendas de venta al por menor.

*La ciudad de México. Antología de lecturas*, México, SEP, 1996, p. 89.

## Los grandes establecimientos

Algunos de los establecimientos franceses de México, como El Palacio de Hierro, El Puerto de Veracruz, La Ciudad de Londres, El Puerto de Liverpool, la Francia Marítima, etcétera.

*La ciudad de México. Antología de lecturas*, México, SEP, 1996, p. 89.

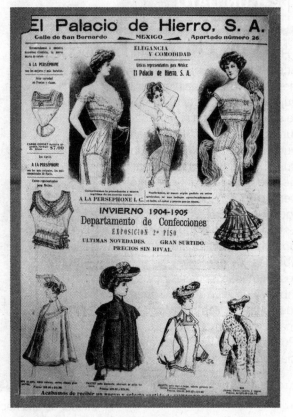

Anuncio del almacén El Palacio de Hierro S.A., 1905.

## La vida en las haciendas

Las haciendas eran grandes propiedades en las que se sembraba la tierra y se criaba el ganado. En ellas se cultivaban productos como caña de azúcar, tabaco, henequén, cereales y algodón, y se elaboraban bebidas como mezcal y pulque.

Había haciendas que, por su extensión, ejercieron influencia en los poblados cercanos y también en otros estados del país. De la gente que trabajaba en las haciendas, algunos laboraban de manera temporal, pero la gran mayoría vivía allí mismo.

Muchos hacendados no siempre podían ocuparse del manejo directo de la hacienda, por lo que se hacía cargo un administrador. Con frecuencia, los dueños se ausentaban durante largas temporadas porque vivían en las ciudades; sólo pasaban temporadas cortas en ellas, sobre todo para el descanso, la diversión o alguna celebración o fiesta religiosa. Por lo general, cada hacienda tenía una capilla, una tienda de raya, un almacén, una escuela, una cárcel, una troje o lugar en donde se guardaban los granos; jacales donde vivían los

Peones del estado de Oaxaca.

106

Interior de una hacienda henequenera.

peones y la casa grande, que tenía todas las comodidades, como luz eléctrica, baños, salas espaciosas e incluso salones de billar.

La *tienda de raya*, muy importante en la hacienda, era el lugar donde se vendían productos básicos, como jabón, maíz, frijol, aguardiente y otros. Normalmente, los productos se vendían a precios más altos que en los mercados. El jornal o salario se pagaba con esos artículos y en pocas ocasiones con dinero. El administrador llevaba el registro de las compras y las deudas, que en algunos lugares heredaban los hijos en caso de que sus padres murieran, por lo que nunca terminaban de pagar.

Entre las personas que trabajaban en las haciendas estaban los administradores, los capataces y los peones. La vida en las haciendas tenía contrastes, pero la mayoría de los trabajadores vivían en situación precaria.

## INVESTIGO Y VALORO

Organícense en parejas y elijan dos de los personajes que se presentan a continuación.

- Campesino
- Campesina
- Hacendado
- Capataz
- Sacerdote
- Encargado de la tienda de raya
- Hijo o hija de campesinos
- Esposa del campesino

Elaboren un diálogo que recree la convivencia que tenían estos personajes, viviendo en una hacienda. ¿Cómo suponen que pudo haber sido?, ¿qué pensaban de su condición?, ¿qué actividades realizaba cada uno?, ¿qué hablarían en aquella época? Al terminar, realicen una representación frente a sus compañeros. Finalmente, reflexionen en el grupo acerca de cómo era la vida en una hacienda durante el Porfiriato.

Hombres cortando caña de azúcar.

# Lo que aprendí

1. Completa la siguiente tabla. Recupera de tu cuaderno lo que escribiste en "Mi respuesta inicial" y lo que anotaste de nueva información en cada tema. ¿Tu respuesta inicial cambió a partir de lo que aprendiste? ¿Por qué?

| Pregunta detonadora de bloque | ¿Por qué surgió la Revolución Mexicana? |
|---|---|
| Mi respuesta inicial | |
| Nueva información que obtuve al estudiar el bloque III | |
| Mi respuesta final | |

2. Completa el siguiente cuadro. Al terminar, reflexiona acerca de lo que estudiaste en el bloque. Coméntalo con tu maestro y el grupo.

| Marca con una "X" tu nivel de desempeño durante el bloque | | Excelente | | Regular | | Requiero esforzarme más |
|---|---|---|---|---|---|---|

| Escribe: ¿Qué necesitarías para mejorar tu desempeño? |
|---|
| |

108

# Evaluación

Lee cada oración y coloca en el paréntesis una P si la oración corresponde al Porfiriato, y una R si se refiere a la revolución armada.

( ) 1. Esas décadas se caracterizaron por la reelección constante del mismo presidente.

( ) 2. Se proclamó a la nación como dueña de sus recursos naturales.

( ) 3. Actividades económicas como la minería, la construcción de ferrocarriles y la extracción de petróleo eran desarrolladas por inversionistas extranjeros.

( ) 4. Emiliano Zapata elaboró el Plan de Ayala.

( ) 5. En esta etapa ocurrió la Decena Trágica.

( ) 6. Se proclamó el Plan de Guadalupe, al que se sumaron Francisco Villa y Álvaro Obregón.

( ) 7. En este periodo las huelgas de trabajadores fueron duramente reprimidas.

( ) 8. Se enfrentan Venustiano Carranza y las facciones villista y zapatista.

( ) 9. En estos años México recibió influencias culturales de otros países, como su forma de vestir y los deportes que practicaban.

Subraya la opción correcta.

1. Transformaciones tecnológicas que cambiaron la vida cotidiana de la sociedad durante el Porfiriato.

a) Cinematógrafo, automóvil y teléfono.

b) Diligencias, carretas, tranvías tirados por mulas.

c) Modos de vestir, minería y textiles.

2. Lee el fragmento del siguiente plan revolucionario:

"Se desconoce al actual gobierno del general Díaz, así como a todas las autoridades cuyo poder debe dimanar del voto popular, porque además de no haber sido elegidas por el pueblo, han perdido los pocos títulos que podían tener de legalidad, cometiendo y apoyando, con los elementos que el pueblo puso a su disposición para la defensa de sus intereses, el fraude electoral más escandaloso que registra la historia de México".

Subraya la opción que contenga el nombre del personaje que elaboró el Plan anterior.

a) Álvaro Obregón.

b) Francisco I. Madero.

c) Venustiano Carranza.

3. Máximos representantes de los intereses campesinos durante la Revolución Mexicana.

a) Francisco I. Madero y Pascual Orozco.

b) Emiliano Zapata y Francisco Villa.

c) Venustiano Carranza y Álvaro Obregón.

4. Son los artículos que contienen las principales garantías establecidas en la Constitución Política de México.

a) 1º, 3º y 123º.

b) 3º, 27º y 84º.

c) 3º, 27º y 123º.

# BLOQUE IV

**De los caudillos a las instituciones (1920-1982)**

*Aguascalientes en la historia* (detalle), 1961, Oswaldo Barra Cunningham, Palacio de Gobierno de Aguascalientes.

# Panorama del periodo

## Ubicación temporal y espacial de los principales acontecimientos del México posrevolucionario a principios de los ochenta

Con la promulgación de la Constitución en 1917 comenzó una nueva etapa en la historia de México. La guerra revolucionaria había producido graves daños a la población y al país. Conseguida la paz, los mexicanos enfrentaron el gran reto de reconstruir el país bajo nuevas propuestas que buscaron mejorar la vida de las personas.

En las siguientes décadas se reformaron y crearon nuevas instituciones y se pusieron en práctica diversos programas de gobierno. La agricultura y la **industria** se convirtieron en la base del crecimiento económico. Los empleos aumentaron y mejoraron las condiciones y los derechos de los trabajadores. El acceso a la educación permitió a muchos mexicanos elevar las oportunidades para el desarrollo personal. Las ciudades crecieron en tamaño y número debido a que los servicios de salud y seguridad promovieron el aumento de la calidad de vida y el tamaño de la población. Además, la cultura nacional tuvo nuevas manifestaciones. Hacia 1982, México se había transformado, pero con nuevos problemas por resolver.

### PARA INICIAR

Observa con atención la imagen que ilustra la entrada del bloque IV y contesta las siguientes preguntas.

- ¿Quiénes aparecen en el mural?
- ¿Cómo visten?
- ¿Qué actividades están haciendo?
- ¿A qué grupo social pertenecen?
- ¿Qué aspectos de la vida cotidiana se aprecian?
- En comparación con la imagen del bloque anterior, ¿qué cambios o permanencias observas?
- Al observar la imagen ¿qué piensas que se estudiará en este bloque?

---

### UN DATO INTERESANTE

El 26 de julio de 1920, al enterarse de que el presidente Adolfo de la Huerta había llegado a un acuerdo con el general Francisco Villa para que él y sus hombres dejaran las armas y ya no combatieran al gobierno, el general Álvaro Obregón expresó así su desacuerdo:

Soy de la opinión de que no hay ninguna autoridad, por alta que sea su investidura, que tenga el derecho a celebrar con Villa un convenio que cancele su pasado y que incapacite a los tribunales de la actualidad y del futuro para exigirle responsabilidades.

Tres años después, siendo presidente Obregón, Villa fue asesinado junto con varios de sus hombres.

**Industria.** Actividad económica que mediante el uso de materias naturales produce mercancías o bienes materiales. Por ejemplo, la industria textil utiliza algodón y fibras naturales para producir telas, hilos, sábanas, mantas y ropa.

En la segunda década del siglo xx se fundó la primera radiodifusora en México, lo que marcó el inicio de una era de modernización en el país.

## PARA SABER MÁS

Para profundizar en el tema, entra al portal Primaria TIC, <http://basica.primariatic. sep.gob.mx>, y en el buscador anota Posrevolución y contexto nacional y De los caudillos a la institucionalización.

# BLOQUE IV

## CUÁNDO Y DÓNDE PASÓ

Observa la línea del tiempo y el mapa histórico. Responde en tu cuaderno las siguientes preguntas:

De acuerdo con la línea del tiempo:

- ¿A qué siglo corresponde este periodo de estudio?
- ¿Cuántas décadas abarca la línea del tiempo?
- ¿Cuántos lustros pasaron entre la creación de la SEP y la fundación de la Conaliteg?
- ¿Quién fue el primer presidente en ocupar el cargo por un sexenio?
- En equipo, observen los acontecimientos ocurridos entre las décadas de 1940 y 1980. ¿Qué proceso económico simultáneo permitió la fundación de instituciones de salud y la realización de eventos deportivos?

De acuerdo con el mapa:

- ¿Qué tipo de información proporciona? ¿Para qué puede servir esta información?
- ¿Qué periodo representa el mapa?
- ¿Qué prevalece, lo rural o lo urbano? ¿Por qué?
- ¿En qué regiones o entidades se concentró la población urbana?
- ¿A qué consideras que se debió el crecimiento de la población urbana? ¿Qué estaba pasando en México?
- Investiga cuáles son los estados más poblados del país en la actualidad. ¿Son los mismos que en el mapa?

114

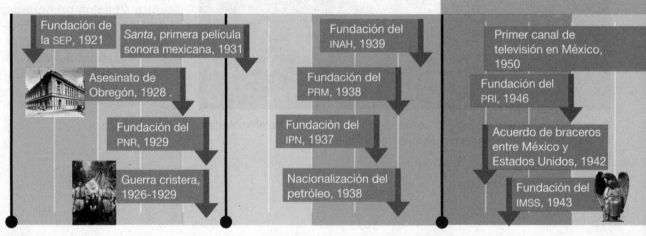

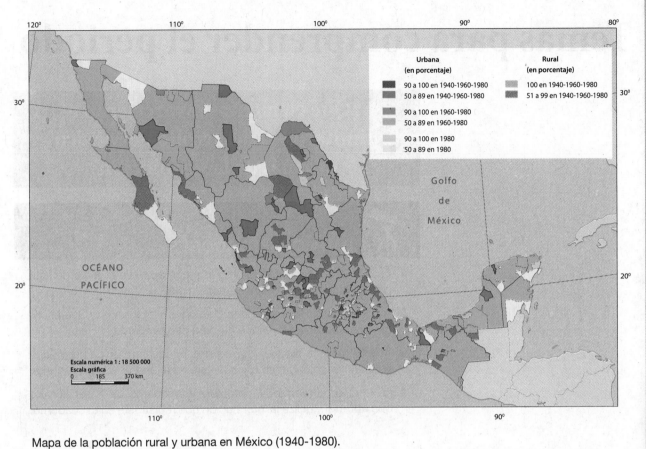

Mapa de la población rural y urbana en México (1940-1980).

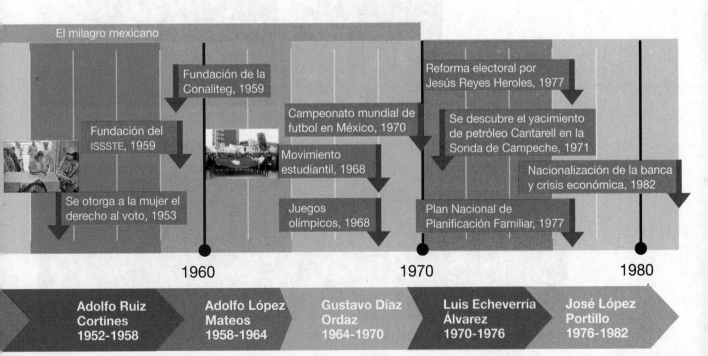

El milagro mexicano

Fundación de la Conaliteg, 1959

Reforma electoral por Jesús Reyes Heroles, 1977

Fundación del ISSSTE, 1959

Campeonato mundial de futbol en México, 1970

Se descubre el yacimiento de petróleo Cantarell en la Sonda de Campeche, 1971

Movimiento estudiantil, 1968

Nacionalización de la banca y crisis económica, 1982

Se otorga a la mujer el derecho al voto, 1953

Juegos olímpicos, 1968

Plan Nacional de Planificación Familiar, 1977

1960          1970          1980

Adolfo Ruiz Cortines 1952-1958

Adolfo López Mateos 1958-1964

Gustavo Díaz Ordaz 1964-1970

Luis Echeverría Álvarez 1970-1976

José López Portillo 1976-1982

# Temas para comprender el periodo

## ¿Qué elementos favorecieron o limitaron el desarrollo de México después de la Revolución?

### PARA OBSERVADORES

1. Escribe en tu cuaderno la pregunta que aparece al inicio de esta página con el título "Mi respuesta inicial".

2. A continuación, observa la secuencia de imágenes. ¿Qué escribirías como posible respuesta para esa pregunta?

3. Al estudiar este bloque, irás registrando la información nueva que encuentres en cada tema y que esté relacionada con la pregunta.

4. Al terminar el bloque IV, completa el esquema de la sección Lo que aprendí y utiliza la información que registraste en tu cuaderno.

El presidente interino Adolfo de la Huerta acompañado por ferrocarrileros.

Mural de la estación de ferrocarril de San Luis Potosí.

## LEO Y COMPRENDO

Después de estudiar cada tema para comprender el periodo, elabora en tu cuaderno un esquema como el siguiente y responde las preguntas, según se presente la información en tu libro.

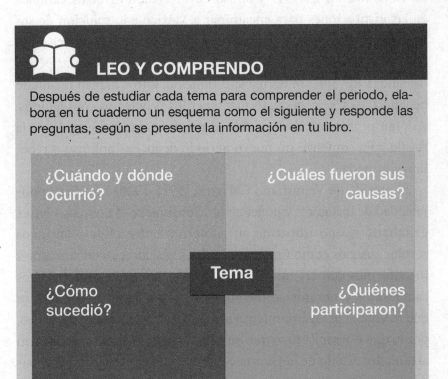

¿Cuándo y dónde ocurrió?

¿Cuáles fueron sus causas?

**Tema**

¿Cómo sucedió?

¿Quiénes participaron?

Gente esperando durante la repartición de pan.

Personas que migraron del campo a la ciudad.

Lázaro Cárdenas en campaña presidencial, 1933.

Jóvenes detenidos durante el movimiento estudiantil de 1968.

## De los caudillos al presidencialismo

La Constitución de 1917 dispuso llevar a cabo diversos cambios en las instituciones para encaminar a México a la solución de sus problemas. Algunos ciudadanos veían en la Constitución una amenaza a sus intereses, o bien guardaban resentimiento por las pérdidas que la Revolución les había producido. Otros habían resultado beneficiados y se proponían mantener los privilegios conseguidos. Así, tan pronto inició su gestión el primer gobierno surgido de la revolución, comenzó un nuevo periodo de luchas políticas y rebeliones armadas.

El presidente Venustiano Carranza (1917-1920) tuvo la responsabilidad de inaugurar y poner en funcionamiento el nuevo gobierno. Combatió a opositores de su gobierno, entre ellos a antiguos revolucionarios como Emiliano Zapata, legisladores y gobernadores inconformes con las iniciativas y disposiciones de gobierno. Los campesinos y obreros se inconformaron por la crisis económica que se vivía. Un levantamiento armado desconoció a su gobierno, por lo que Carranza tuvo que huir de la capital y finalmente murió asesinado. Adolfo de la Huerta ocupó de manera temporal la presidencia mientras se realizaban elecciones.

Álvaro Obregón, presidente de México de 1920 a 1924, en un retrato familiar.

Juguetes de la época exhibidos en el aparador de una tienda.

Durante los seis meses de su mandato, De la Huerta se ocupó de arreglar o tratar de pacificar muchos de los problemas que habían alimentado el descontento popular y las luchas políticas durante el gobierno del presidente Carranza. Gracias a ello el país comenzó a estabilizarse.

El general Álvaro Obregón fue presidente de México de 1920 a 1924. Su participación en la Revolución había sido sobresaliente debido a sus grandes habilidades políticas y militares. Como presidente llevó a cabo el reparto agrario, protegió la propiedad privada, ganó el apoyo de los obreros, de los campesinos y de sus adversarios políticos, arregló las conflictivas relaciones con el gobierno de Estados Unidos y fundó importantes instituciones, como la SEP en 1921. Con su poder e influencia logró que sus aliados modificaran el principio constitucional de no reelección presidencial, y fue electo de nuevo. Antes de tomar posesión fue asesinado, lo que provocó una grave crisis política.

 **UN DATO INTERESANTE**

Los juguetes considerados modernos a principios del siglo XX eran traídos de Europa y Estados Unidos. Entre éstos podían verse muñecas articuladas y que hablaban, barcos provistos de calderas verdaderas, cajas de experimentos eléctricos, ferrocarriles mecánicos, entre otros.

## PARA SABER MÁS

Para profundizar en el tema, entra al portal Primaria TIC, <http://basica.primariatic.sep.gob.mx>, y en el buscador anota Posrevolución y contexto nacional y Plutarco Elías Calles: el Maximato.

Durante su gobierno, el presidente Plutarco Elías Calles (1924-1928) se propuso impulsar las reformas necesarias para que México consiguiera un mejor desarrollo económico y social. Con ese propósito creó importantes instituciones como el Banco de México en 1925, y negoció con otros gobiernos para un mayor beneficio de México en la explotación de sus recursos naturales.

En los últimos dos años de su gestión enfrentó serios problemas políticos provocados por la guerra cristera y el asesinato del presidente electo Álvaro Obregón. Después de concluir su mandato continuó influyendo en el gobierno a través de sus sucesores, entre 1928 y 1934. Este periodo es conocido como el "Maximato", porque aunque ya no era presidente, Plutarco Elías Calles decidía sobre muchos asuntos, y por ello se le conocía como el "Jefe Máximo".

Plutarco Elías Calles en la toma de posesión de su cargo como presidente de la República el 1 de diciembre de 1924.

## La rebelión cristera

La Constitución de 1917 dispuso limitar la influencia de las iglesias y la intervención de sus miembros en los asuntos públicos. En 1926, el presidente Calles expidió una ley que prohibía el culto externo y oficiar a sacerdotes extranjeros (algunos de los cuales fueron expulsados), limitaba el número de sacerdotes y clausuraba las escuelas católicas. En respuesta, las autoridades de la iglesia católica suspendieron las actividades religiosas en todos sus recintos y sus feligreses realizaron numerosas protestas contra la acción del gobierno, llegando incluso a las agresiones.

El conflicto creció y se convirtió en una rebelión armada, conocida como guerra cristera, que se extendió por varios estados del centro-occidente: Michoacán, Guanajuato, Jalisco, Colima, Nayarit, Zacatecas y Aguascalientes. Soldados y rebeldes murieron en los campos de batalla. A mediados de 1929 un acuerdo puso fin a este sangriento enfrentamiento. La Iglesia católica acordó no participar en la vida política del país y reconoció la autoridad del gobierno federal. A su vez, éste se comprometió a devolver los templos ocupados y permitir la reanudación de los cultos.

**PARA SABER MÁS**

Para profundizar en el tema, entra al portal Primaria TIC, <http://basica.primariatic.sep.gob.mx>, y en el buscador anota Calles rebelión cristera.

B IV

121

La guerra cristera fue un conflicto armado que se originó durante el gobierno de Plutarco Elías Calles.

## COMPRENDO Y APLICO

Después de leer este tema y la sección **Un dato interesante**, elabora un mapa conceptual acerca de la guerra cristera. Tu mapa debe contener los siguientes elementos: qué fue la guerra cristera, cuántos años duró, en qué estados del país hubo levantamientos, quiénes participaron, cuáles fueron sus causas y cuáles sus consecuencias.

Familia cristera.

**Vejación.** Acción de maltratar, humillar y ofender a una persona o institución.

## UN DATO INTERESANTE

En agosto de 1926 el presidente Plutarco Elías Calles manifestó su punto de vista a la prensa sobre el problema con la Iglesia que había iniciado unas semanas antes:

Y si, apoyándose en hechos falsos, los obispos y arzobispos que firman la carta pastoral dicen "que no pueden tolerar **vejaciones** a los principios relativos a la constitución de la Iglesia" no vemos por qué puedan extrañarse, en buena lógica, que nos suceda lo mismo a nosotros al no estar dispuestos a tolerar vejaciones a los principios relativos a la Constitución de la República: con la circunstancia de que las vejaciones y ataques y desobediencias a la Constitución del país son, en ellos, constantes e indiscutibles, en tanto que de nuestra parte para ellos no hay sino las sanciones y represiones a que las leyes obligan cuando, abandonando su campo único de acción: el de las conciencias de los católicos, tratan de invadir e invaden esferas de política y gobierno y provocan movimientos de desorden, e incitan, velada o claramente, a la rebeldía.

## La creación y consolidación del PNR y el surgimiento de nuevos partidos

Como recordarás, "Sufragio efectivo, no reelección" fue uno de los principios defendidos por la Revolución. La conquista de este derecho permitió, entre otras cosas, que después de 1918 aumentara el número de **partidos políticos**.

Para fortalecer al gobierno y terminar con las rebeliones armadas por la Presidencia de la República, Plutarco Elías Calles propuso a los jefes políticos y militares la creación de un partido político. En 1929 se fundó el Partido Nacional Revolucionario (PNR). Muchos sindicatos y organizaciones de distintos sectores de la sociedad se afiliaron a él. En 1938 el partido se reformó y se conformó por cuatro sectores sociales (obrero, campesino, popular y militar) y se llamó Partido de la Revolución Mexicana (PRM). En 1946 tuvo otra transformación y adoptó el nombre de Partido Revolucionario Institucional (PRI).

Se dice que un partido político es de oposición cuando compite con otros que ya ocupan el gobierno, sea éste federal, estatal o municipal. Desde 1929 varios partidos se integraron al Partido Nacional Revolucionario, que se convirtió en el partido oficial y se mantuvo por décadas en el gobierno, mientras otros permanecieron en la oposición.

**PARA SABER MÁS**

Para profundizar en el tema, entra al portal Primaria TIC, <http://basica.primariatic. sep.gob.mx>, y en el buscador anota El Maximato y El Partido Nacional Revolucionario.

**Partido político.** Organización social integrada por ciudadanos que comparten ideas y principios con los que participan en la vida política de una sociedad a la que aspiran a gobernar o gobiernan.

B IV

123

Miembros del Comité fundador del Partido Nacional Revolucionario.

## COMPRENDO Y APLICO

Imagínate que quieres participar en los cambios que necesita el país y decides formar un partido político. Dividan el grupo en dos: una parte representará al partido oficial y la otra mitad a los partidos de oposición.

Tomando en cuenta lo que han aprendido hasta ahora acerca de la historia de México, cada equipo elabore una lista de problemas nacionales, plantee soluciones a los mismos y discútanlas. Al final, cada "partido" presentará su propuesta ante el grupo.

**Fraude electoral.** Violación del proceso y resultados de una elección para que éstos favorezcan a determinado candidato y no al que fue elegido por el voto ciudadano.

A pesar del predominio del partido oficial, los partidos de oposición conservaron su importante presencia política en la sociedad. Hubo momentos en que sus candidatos estuvieron cerca de ganar las elecciones presidenciales, como los generales Juan Andrew Almazán, en 1940, y Miguel Henríquez Guzmán, en 1952. Sus seguidores acusaron al gobierno de haber cometido **fraude electoral** en favor del PRM y del PRI. Hubo otros partidos de oposición, como el Partido Acción Nacional (PAN), fundado en 1939 por el abogado Manuel Gómez Morín, y el Partido Comunista Mexicano (PCM), creado en 1919. Sólo hasta la década de 1970 la oposición comenzó a ganar algunas elecciones locales. En 1977, Jesús Reyes Heroles, secretario de Gobernación, impulsó una reforma electoral a fin de permitir a los partidos de oposición participar con mayor libertad en los procesos electorales. De esta forma, diputados de diversos partidos se integraron al congreso.

124

Manifestación de comunistas en la ciudad de México.

## El impulso a la economía

Durante este periodo la meta principal de los gobiernos de México fue resolver los problemas de su crecimiento económico heredados del pasado. En el campo la mayoría de sus habitantes vivían con grandes desigualdades, carecían de empleo y sus tierras eran improductivas o les habían sido arrebatadas. En las ciudades prevalecía el desempleo y los derechos de los trabajadores no eran respetados. La gran mayoría de los inversionistas nacionales y extranjeros explotaban los recursos naturales con privilegios que permitían su enriquecimiento. Estas desigualdades se agravaban porque México no contaba con suficientes caminos, carreteras, medios de comunicación, presas, electrificación de sus poblados, agua, servicios médicos y otros servicios necesarios para impulsar el crecimiento económico. Los recursos del gobierno eran escasos y los préstamos que obtenía del extranjero generaban intereses muy altos.

Para superar éstas y otras dificultades era necesario realizar muchos cambios en la organización del trabajo, la propiedad de la tierra, la distribución de los recursos, las funciones del gobierno, los derechos de los trabajadores y campesinos, la participación de la inversión extranjera, la educación, las condiciones materiales de las poblaciones rurales y urbanas, la explotación de los recursos naturales y otros ámbitos de la economía. Debido a estos problemas, entre 1910 y 1930 la economía mexicana tuvo un crecimiento muy bajo.

Poco después experimentó una mejoría que se prolongó las siguientes cuatro décadas. Causa importante de este crecimiento fueron las reformas e inversiones realizadas en la producción agrícola y en la creación de nuevas industrias.

Campaña de salud en la década de los treinta.

**Ejido.** Porción rural de tierra que es usada de manera colectiva y pública por un grupo de personas para actividades agrícolas, ganaderas, forestales o de vivienda y que pertenece al Estado.

**"Milagro mexicano".** Nombre con que se conoce al periodo comprendido entre 1940 y 1970 en México, caracterizado por el impulso a la industrialización y modernización además de mantener un crecimiento y economía estables.

Durante el gobierno de Lázaro Cárdenas (1934-1940), la reforma agraria se convirtió en el principal instrumento de transformación social y económica del país. En la región de La Laguna (Coahuila y Durango), el Valle de Mexicali (Baja California), Michoacán, Morelos, Veracruz, Yucatán, Chiapas y otros estados se formaron **ejidos** que tuvieron éxito. A su vez, algunas industrias, como la petrolera, generaron importantes recursos.

A partir de 1940 la reforma agraria perdió importancia y su lugar lo tomó la industrialización de la economía nacional, impulsándose el desarrollo de las actividades de transformación y fabricación de productos. La demanda de materias primas y mercancías que provocó la Segunda Guerra Mundial favoreció la creación de industrias y un crecimiento económico sostenido hasta 1970 que fue calificado como el **"milagro mexicano"**, porque, comparado con otros países de América Latina, México había logrado mantener su crecimiento y, a la vez, una estabilidad política inusual en el continente.

Sin embargo, ese milagro tuvo efectos contraproducentes en el funcionamiento de la economía y la sociedad: la industria nacional creció, pero no se invirtió lo necesario en la producción de tecnología y maquinaria pesada, por lo que continuó dependiendo de la importación de ciertos productos que se pagaban con la exportación de otros. De igual manera, la mayoría de las empresas dependían del financiamiento del gobierno, y éste de la inversión y de los préstamos del extranjero. Al mismo tiempo, la industria requería cada vez menos empleados lo que provocó un creciente desempleo.

Servicio de tranvías eléctricos en la ciudad de México en 1930.

Todas estas contradicciones tornaron ineficiente y poco competitiva a la industria nacional. Finalmente, los beneficios del crecimiento económico impulsado por la industrialización se repartieron de manera desigual en la sociedad. Ello provocó continuas protestas y tensiones sociales.

A partir de 1970 el país entró en un periodo de crisis económica como consecuencia de los problemas que se arrastraban. La escasa inversión en el campo provocó la importación de alimentos básicos de Estados Unidos. Para atender otros problemas de la población en áreas como la salud y la educación, el gobierno solicitó préstamos en el extranjero aumentado así la deuda externa.

A principios de 1978 se anunció el descubrimiento de grandes yacimientos petroleros en el Golfo de México, por lo que el gobierno solicitó nuevos préstamos al extranjero para elevar la producción de Petróleos Mexicanos (Pemex). El incremento en la explotación petrolera fue notable, lo que se vio favorecido por el aumento a nivel internacional del precio del petróleo. Ante esta prosperidad, el gobierno mexicano no dudó en solicitar más préstamos, confiado en que podría pagarlos más adelante.

Sin embargo, los cálculos no fueron atinados y en 1981 los precios del petróleo empezaron a disminuir a nivel mundial. Las finanzas públicas se vieron afectadas en gran medida por los altos intereses de los préstamos solicitados y el retiro del capital de inversionistas y ahorradores. La crisis trajo como consecuencia el empobrecimiento de la mayoría de la población, el aumento del desempleo y el incremento de los precios.

Gente esperando durante la repartición de pan.

## La Expropiación petrolera y el reparto agrario durante el cardenismo

Antes de ser expropiada el 18 de marzo de 1938, la industria del petróleo que operaba en México era propiedad de empresarios ingleses y estadounidenses; junto con la minería, proporcionaba al gobierno importantes recursos. En varias ocasiones el gobierno mexicano tuvo conflictos con las compañías petroleras a causa de la aplicación de leyes que limitaban sus privilegios económicos. En mayo de 1937, los trabajadores de esa industria se declararon en huelga en demanda de mejores salarios y condiciones laborales. Las autoridades judiciales fallaron a favor de los trabajadores, pero las compañías —Standard, Huasteca, El Águila— desconocieron sus disposiciones.

El presidente Lázaro Cárdenas decidió entonces expropiar la industria petrolera para sujetar a la autoridad del gobierno sus bienes y administración. Así se fundó Pemex. Esta decisión fue respaldada por amplios sectores de la sociedad, que ofrecieron su apoyo para pagar a las compañías la indemnización que establecía la ley. Superados los problemas iniciales de reorganización y administración de la nueva empresa pública, Pemex se convirtió en la principal industria mexicana, porque de la mayoría de sus ingresos se sostiene la economía nacional.

Otra de las reformas implementadas por el presidente Cárdenas fue el reparto de la tierra entre los campesinos del país. Se creó el Banco Nacional de Crédito Ejidal (1936), que estimuló el desarrollo a través de créditos para los ejidatarios y pequeños campesinos. El reparto agrario comprendió también el empleo de maquinaria, así como de técnicas de selección de semillas, rotación e introducción de cultivos, uso de fertilizantes y la creación de institutos, laboratorios y granjas experimentales. Fue de esta forma que la agricultura tuvo un papel importante dentro de la producción del país durante el gobierno cardenista.

Portada del periódico *Excelsior* que anuncia la Expropiación petrolera.

El 18 de marzo de 1938, a través de todas las estaciones de radio de la República, el presidente Lázaro Cárdenas anunció la expropiación de las compañías petroleras.

Lo mismo joyas que gallos y gallinas sirvieron para contribuir al pago de la deuda petrolera. Uno de los comités femeninos en la entrega de donativos, 12 de abril de 1938.

## México en el contexto de la Segunda Guerra Mundial

En varios momentos de su historia, México ha participado de manera directa en acciones que han cambiado o afectado a otros países, ya fuera en defensa de sus intereses o en apoyo a causas que ha considerado legítimas.

Un suceso del siglo XX que ocurrió fuera de México, pero que influyó de manera importante en el curso de su historia, fue la Segunda Guerra Mundial (1939-1945). Contrario a lo que ocurrió en los países que participaron en la guerra, México resultó muy favorecido, pues durante esos años los países industrializados, como Alemania, Inglaterra, Francia y Estados Unidos, no podían producir todo lo que necesitaban debido a que sus industrias estaban dedicadas a la fabricación de armas y productos para la guerra. Esto provocó que empezaran a comprar productos mexicanos y se obtuvieran recursos, los cuales aceleraron la industrialización de nuestro país, que se vio favorecida por la construcción de carreteras, puertos, presas y aeropuertos.

Como Estados Unidos temía que los países latinoamericanos apoyaran a los países del Eje (Alemania, Italia y Japón), tuvo que mejorar las relaciones con sus vecinos. Nuestro país aprovechó esto y logró un acuerdo con Estados Unidos para reducir hasta 90% su deuda externa, lo que también ayudó a la industrialización, porque debido a ello el gobierno tuvo más dinero para destinarlo a actividades productivas y no a pagar la deuda y sus intereses.

Al iniciarse la Segunda Guerra Mundial, México se declaró neutral, pero en 1942, luego de que dos buques petroleros mexicanos fueron atacados por submarinos alemanes, el presidente Manuel Ávila Camacho (1940-1946) decidió apoyar a los países aliados y declaró la guerra a los países del Eje. La participación de nuestro

### UN DATO INTERESANTE

En 1933, Adolfo Hitler llegó al poder en Alemania encabezando al Partido Nacional Socialista. Los nazis, como se les conoce, creían que eran una raza superior y que los judíos, considerados "inferiores", eran una amenaza para la humanidad. Los nazis también persiguieron a otros grupos como los gitanos, las personas con discapacidad, algunos pueblos eslavos (polacos y rusos, entre otros), los comunistas, socialistas, africanos, Testigos de Jehová y homosexuales. Esta campaña de odio condujo al establecimiento de "guetos" o campos de concentración donde fueron asesinadas millones de personas. Al genocidio judío se le conoce como "Holocausto".

Pilotos del Escuadrón 201 que participaron en la Segunda Guerra Mundial.

país en esta guerra fue de dos maneras. Primero, mediante la exportación de materias primas para la industria bélica de Estados Unidos, y con trabajadores agrícolas empleados en las industrias y campos de ese país. Por otro lado, México participó también con el envío de fuerza aérea, el Escuadrón 201, para combatir a los japoneses posicionados en Filipinas y Formosa (Taiwán) en 1945.

El presidente Ávila Camacho condecora a un miembro del Escuadrón 201.

Noticia sobre la Segunda Guerra Mundial en 1942.

## COMPRENDO Y APLICO

Recupera el tema que acabas de estudiar y elabora una línea del tiempo en tu cuaderno en donde representes:

1. El periodo de duración de la Segunda Guerra Mundial.
2. Ubica qué presidentes había en México.
3. Qué acontecimientos ocurrieron en nuestro país durante la Segunda Guerra Mundial.

Finalmente, escribe: ¿hay relación entre los acontecimientos históricos del mundo y de México? ¿Por qué? Da un ejemplo de la actualidad en donde un acontecimiento mundial afecte a nuestro país.

### El crecimiento de la industria y los problemas del campo

La industrialización favoreció el desarrollo del sector agrícola dedicado al cultivo de productos del campo destinados a la comercialización y la exportación, tales como verduras, frutas, sorgo y forrajes. Los ingresos que se obtenían de la venta de estos productos en el extranjero proporcionaron importantes recursos para el desarrollo industrial.

Campesinos en 1926.

## PARA SABER MÁS

Para profundizar en el tema, entra al portal Primaria TIC, <http://basica.primariatic.sep.gob.mx>, y en el buscador anota Desarrollo industrial.

Campesinos en 1950.

En contraste con el desarrollo de este sector, que recibía importantes apoyos del gobierno, un gran número de campesinos practicaba una agricultura destinada a obtener lo necesario para su alimentación y, en menor medida, a comercializar sus productos en el mercado nacional. Con el paso del tiempo la desigualdad aumentó en las regiones agrícolas del país. La falta de créditos y de tierras contribuyó a ello.

Después de 1940 el gobierno había disminuido el reparto agrario. Al mismo tiempo, retrasó y condicionó los créditos a lealtades políticas. Además, los grandes propietarios aumentaron su número. Hubo veces en que los campesinos invadían tierras y reclamaban al gobierno su restitución. Así, por ejemplo, en la década de 1940, Rubén Jaramillo organizó al campesinado de Morelos para reclamar la continuidad de los repartos y el respeto a los ejidos existentes. No obstante, cada vez fueron más los campesinos sin tierra y sin empleo; muchos de ellos emigraban, solos o con sus familias, a las grandes ciudades o a Estados Unidos en busca de empleo y mejores condiciones de vida. Esto provocó en la década de los setenta los asentamientos irregulares y la demanda de servicios públicos como el agua potable, la luz y el drenaje.

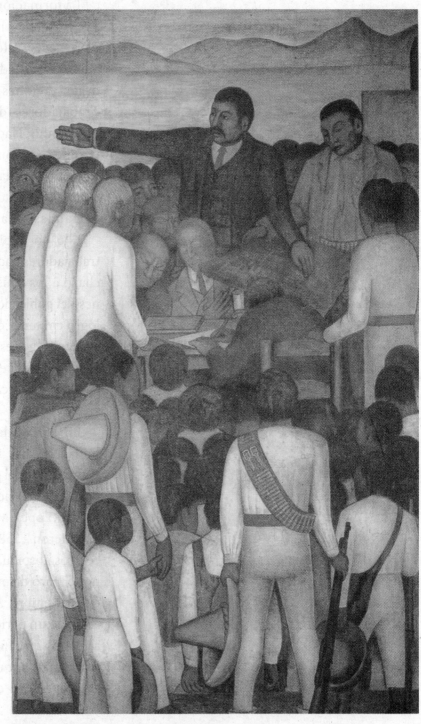

Detalle del mural, *Dotación de ejidos*, Diego Rivera.

### Las demandas de obreros, campesinos y clase media

La población trabajadora del país participó en la revolución con la esperanza de fundar un nuevo gobierno que mejorara sus condiciones de trabajo y su calidad de vida demandando, principalmente, el reparto de tierras, salarios justos, respeto a los derechos laborales y a su organización.

La formación de sindicatos y otras asociaciones fortaleció la capacidad de los trabajadores para hacer valer sus demandas. Sin embargo, valiéndose de la incorporación de las grandes organizaciones obreras (Confederación de Trabajadores de México), campesinas (Confederación Nacional Campesina) y populares (Confederación Nacional de Organizaciones Populares) a la estructura del partido oficial, el gobierno pudo mantener el control sobre las demandas de la población trabajadora.

Ello no impidió que otras organizaciones de trabajadores independientes manifestaran su rechazo a los abusos de sus patrones y a las acciones del gobierno. En varias ocasiones el gobierno logró contener estas protestas mediante acuerdos y negociaciones. Otras veces las reprimió con la fuerza y encarceló a sus líderes, como a Demetrio Vallejo, que encabezó la huelga de ferrocarrileros en 1959.

En la década de 1960 aumentó la inconformidad ante la falta de libertades políticas y la desatención del gobierno a las demandas de la población trabajadora. Durante la presidencia de Adolfo López Mateos (1958-1964), por ejemplo, ocurrieron 2 358 huelgas. Entre 1964 y 1965 varios centros hospitalarios en el país se vieron afectados por el paro de médicos residentes del Hospital 20 de Noviembre. A mediados de la década de 1960 se inició un periodo de actividad de varios grupos armados que fueron orillados a buscar transformar al país por medio de la violencia. Algunos de ellos operaban en las ciudades y otros, como los

Mujeres con mantas y pancartas en apoyo a la marcha Caravana del hambre.

Manifestantes por una calle de la ciudad de México.

grupos encabezados por los maestros normalistas Genaro Vázquez Rojas y Lucio Cabañas, lo hicieron en el estado de Guerrero.

Durante el gobierno de Gustavo Díaz Ordaz (1964-1970), el 2 de octubre de 1968, se reprimió violentamente un enorme mitin estudiantil, reunido en la Plaza de las Tres Culturas de Tlatelolco, en la ciudad de México, en el que se protestaba por los abusos de autoridad cometidos en contra de los estudiantes. Este hecho fue importante para reflexionar acerca de la legitimidad del gobierno y de que eran necesarias otras formas para resolver las demandas sociales.

Manifestación de ferrocarrileros.

Trabajadores en huelga frente al edificio de Luz y Fuerza.

Años más tarde, el 10 de junio de 1971, se realizó en la ciudad de México una marcha magisterial y estudiantil para demandar la democratización de la enseñanza y la libertad de presos políticos de 1968, pero fue reprimida violentamente en la Avenida de los Maestros por un grupo de choque conocido como los "halcones". De nueva cuenta, dicha represión mostró un gobierno intolerante a las expresiones sociales.

Entre 1970 y 1982 el gobierno intentó atraer a los grupos inconformes por medio de **amnistías**, la apertura de nuevos centros de educación, como la Universidad Autónoma Metropolitana en 1974, de mecanismos de apoyo a la clase trabajadora, como el Instituto del Fondo Nacional de la Vivienda para los Trabajadores (Infonavit) en 1972, así como mediante reformas electorales y discursos alusivos a la apertura democrática y el nacionalismo.

**Amnistía.** Consiste en anular la culpabilidad de una persona o grupos quienes se consideran inocentes porque se perdona o elimina el delito perseguido.

136

Manifestación obrera.

## COMPRENDO Y APLICO

Busca en periódicos o internet noticias acerca de algún movimiento de los trabajadores, estudiantes o campesinos que esté ocurriendo actualmente en el país.

Reflexiona y contesta las siguientes preguntas: ¿quiénes participan? ¿Dónde está ocurriendo? ¿Qué están demandando? ¿Qué acciones llevan a cabo? ¿Qué semejanzas y diferencias hay entre los movimientos actuales y los mencionados en el texto?

## La seguridad social y el inicio de la explosión demográfica

A pesar de los problemas y contrastes que vivió nuestro país durante este periodo, fueron notables algunos avances que permanecen hasta hoy. Los recursos que produjo el crecimiento económico entre 1940 y 1970 fueron invertidos en la producción de alimentos, la creación de industrias, obras públicas y la aplicación de programas de gobierno. Todo ello contribuyó a mejorar las condiciones materiales de algunos poblados, así como la calidad de vida de sus habitantes. Las comunidades rurales y las ciudades se beneficiaron con la introducción de agua potable, alcantarillado, electricidad, caminos y servicios médicos. El Instituto Mexicano del Seguro Social (IMSS), fundado en 1943, y el Instituto de Seguridad y Servicios Sociales para los Trabajadores del Estado (ISSSTE), creado en 1959, comenzaron a extender los servicios médicos, de salud y de seguridad social, como las jubilaciones, entre otros.

Gracias a esta mejora en la economía y en las condiciones de vida de individuos y las familias, el crecimiento de la población se elevó, principalmente en las zonas urbanas. Conforme avanzaban los años morían menos personas y sus posibilidades de vida aumentaban. Por ejemplo, una persona nacida en 1930 tenía la esperanza de vivir 35 años, y para 1970 esta esperanza se elevó a 60 años.

Las cifras del crecimiento total de la población durante este periodo pueden ayudar a comprender mejor su magnitud. En 1920 habitaban el país 14 millones de personas, en 1940 había 20 millones, y para el año 1970 la cifra era de 48.2 millones. Gran parte de los problemas que se generaron en el México contemporáneo fueron resultado de este acelerado crecimiento de la población, pues el dinero nunca fue suficiente para dotar de servicios básicos a todos los habitantes del país.

Monumento a la Madre en el IMSS.

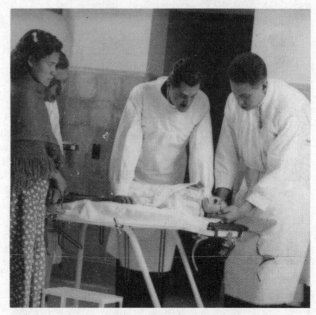

Médicos atendiendo a un paciente.

Las ciudades concentraron este crecimiento poblacional porque en ellas se ofrecían mejores salarios y servicios públicos. En la siguiente tabla puedes observar el crecimiento de algunas de estas ciudades.

| Población de México y algunas de sus ciudades | | | | |
|---|---|---|---|---|
| | 1940 | 1950 | 1960 | 1970 |
| **República Mexicana** | 19.7 millones | 25.8 millones | 34.9 millones | 48.2 millones |
| Ciudad de México | 10 millones | 12.8 millones | 15.5 millones | 18.8 millones |
| Guadalajara | 1.5 millones | 1.8 millones | 2.5 millones | 3.1 millones |
| Monterrey | 1.1 millones | 1.5 millones | 2.1 millones | 2.6 millones |
| Puebla y Tlaxcala | 1.2 millones | 1.4 millones | 1.3 millones | 1.5 millones |
| León, Guanajuato | 700 mil | 700 mil | 900 mil | 1 millón |

Fuente: Inegi (2001). Indicadores sociodemográficos de México (1930-2000), p. 28.

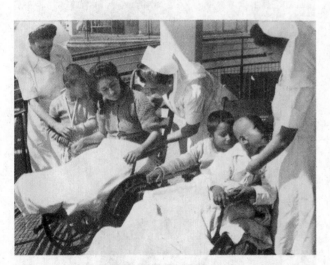

Niños en el Hospital Infantil, *ca.* 1930.

Campesinos caminando por la explanada de la Basílica de Guadalupe.

Así, la población urbana comenzó a crecer más que la población rural. Probablemente tu familia emigró de un medio rural a uno urbano. O, por el contrario, tal vez cambiaste tu domicilio de un medio urbano a otro rural.

Esto significa que has participado de la migración del campo a la ciudad, o viceversa. En nuestro país, la migración del campo a la ciudad aumentó considerablemente a partir de la década de 1950. Para 1970, la población urbana, es decir, la que habita en localidades con más de 2 500 habitantes, era mucho mayor que la población rural, o sea, la que vive en localidades con menos de 2 500 habitantes. Puedes observar este contraste en las siguientes gráficas.

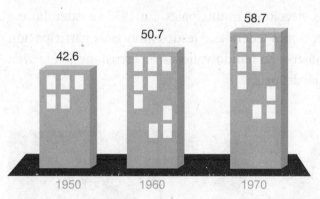

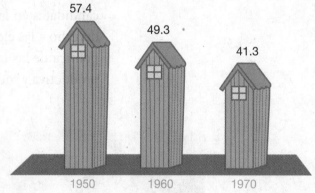

**Urbana.** En 1950, poco menos de 43% de la población en México vivía en localidades urbanas; en 1970 aumentó hasta 58.7% superando a la población rural. Fuente: Inegi.

**Rural.** El porcentaje de personas que habitan en comunidades rurales ha disminuido. En 1950, representaba poco más de 57% del total de la población del país; en 1970 disminuyó hasta 41.3%. Fuente: Inegi.

En la década de los años setenta el gobierno decidió tomar medidas en la política demográfica para controlar el aumento de la población. Así se creó, en 1974, el Consejo Nacional de Población (Conapo) para disminuir la tasa de crecimiento.

En suma, el acelerado crecimiento de la población de nuestro país y su concentración en las ciudades ha provocado un desarrollo social y económico desigual. Esto ha propiciado problemas como pobreza, marginación, falta de servicios y deterioro de la naturaleza, los cuales amenazan nuestro futuro. Por lo tanto, debemos reflexionar y actuar para solucionarlos.

## Las mujeres y el derecho al voto

### PARA SABER MÁS

Para profundizar en el tema, entra al portal Primaria TIC, <http://basica.primariatic.sep.gob.mx>, y en el buscador anota Siglo XX: lucha por la igualdad.

Como sabes, hoy las mujeres mexicanas tienen derechos ciudadanos, como el de elegir mediante el voto a sus gobernantes. Esto no siempre fue así. En otros países antes que México la mujer tuvo este derecho. Inglaterra lo reconoció en 1918, Alemania y Canadá al año siguiente, y Estados Unidos en 1920. Ecuador fue el primer país latinoamericano en donde las mujeres votaron desde 1929, Brasil y Uruguay establecieron el voto femenino en 1932, y Argentina en 1947.

En nuestro país fue reformado el artículo 115 constitucional en 1943 y a las mujeres les fue reconocido el derecho a votar y ser candidatas en las elecciones municipales. En 1953 se extendió ese derecho a las elecciones federales. Desde entonces la participación política de las mujeres ha tenido valiosas repercusiones en la vida productiva y social del país.

Mujer depositando su voto durante las elecciones de 1958.

A continuación te presentamos dos opiniones respecto a la participación de la mujer en las elecciones. Léanlas y analicen en grupo qué opinan de ambas posturas.

**La posición del senador Aquiles Elorduy sobre el voto femenino en 1953 fue la siguiente:**
Se alega que hay que hacer justicia a la mujer dándole los derechos políticos que no ha tenido. Yo diría que la mujer mexicana tiene toda la justicia grandiosa que ha debido tener [...] La madre mexicana es la que forma el corazón del niño, es la que educa su espíritu, es la que imparte la religión, y eso es una gran cosa en una sociedad. El hombre no tiene esas misiones en el hogar porque sus ocupaciones públicas le impiden dedicar su tiempo a esas cuestiones. La mujer mexicana maneja los dineros del hogar e influye en su marido, ¿qué más quiere? [...] Yo temo francamente [...] que las actividades políticas de la mujer vayan a contribuir a descuidar más el hogar.

Fuente: Enriqueta Tuñón, *¡Por fin... ya podemos elegir y ser electas!*, México, INAH, 2002, p. 279.

## COMPRENDO Y APLICO

Lee los textos acerca de las posturas a favor y en contra de la participación política de las mujeres en México que se expresaron en la época en la que se aprobó el voto femenino.

- Con ayuda de su profesor, identifiquen en grupo cuáles eran las razones a favor y en contra del voto de las mujeres. Organicen el grupo en dos equipos y debatan estas razones.
- Organicen las razones en una tabla de tres columnas: En la primera anota argumentos a favor, en la segunda los argumentos en contra y, para finalizar, en la tercera columna anoten las conclusiones acerca de la importancia de que las mujeres tengan hoy este derecho.

**Y la de Amalia Castillo Ledón, 1947**
Es necesario incorporar a todas las mujeres, para que puedan obtener mayores beneficios: en el trabajo, cuando debe atender a su propio sostenimiento económico o el de su familia; o bien, para que pueda prestar una mejor calidad de vida a la sociedad en que vive; o para que sea en fin una compañera más digna del hombre [...] Por encima de todo esto, está su propio derecho natural de ser humano, ante el que tienen que rendirse los pueblos por un principio moral: por el principio político que entraña la democracia y por los principios humanos declarados y firmados unánimemente.

Fuente: Enriqueta Tuñón, *¡Por fin... ya podemos elegir y ser electas!*, México, INAH, 2002, p. 79.

## La cultura y los medios de comunicación: literatura, pintura, cine, radio, televisión y deporte

Puesto de periódicos.

**UN DATO INTERESANTE**

El presidente Álvaro Obregón ordenó que en la comida oficial para celebrar el primer centenario de la consumación de la independencia se sirviera sopa de tortilla, arroz a la mexicana y mole poblano como homenaje a la "comida típica" de México.

México es un país caracterizado por su diversidad cultural, la cual se ve reflejada en cada uno de sus pueblos, barrios, ciudades, etnias, regiones y estados con características propias pero a la vez comunes como los valores, costumbres, hábitos, instituciones y una historia que nos identifica como mexicanos. Algunas costumbres, tradiciones y lugares inspiraron a escritores, músicos, pintores, poetas, cineastas, maestros e intelectuales que con sus creaciones, difundidas en el país y el extranjero, contribuyeron a identificar la cultura nacional con la llamada cultura popular.

Grandes pintores como Frida Kahlo y los muralistas Diego Rivera, José Clemente Orozco, David Alfaro Siqueiros, influidos por el arte popular mexicano y el arte europeo, difundieron a través de su pintura el valor de la historia nacional, en especial de la Revolución, así como escenas de la vida de campesinos e indígenas, entre otros temas.

Célebres músicos como Manuel M. Ponce, Candelario Huízar, Carlos Chávez y Silvestre Revueltas realizaron grandes composiciones con las que trataron de expresar la realidad nacional. El problema de la tierra, la difícil vida de los indígenas y campesinos, la crueldad y violencia de la Revolución se volvieron temas de la llamada "novela de la revolución", donde destacaron autores como Mariano Azuela, Martín Luis Guzmán, Francisco L. Urquizo y Juan Rulfo.

La cultura mexicana también fue motivo de la reflexión y el análisis de filósofos como Samuel Ramos y de escritores como Octavio Paz, autor de *El laberinto de la soledad*, en donde hace un análisis de la historia, identidad y cultura de los mexicanos. Por otra parte, los medios masivos de comunicación, como el cine, la radio, la industria disquera y la televisión, lograron una mayor difusión e influyeron en la cultura nacional, de manera importante sobre todo a partir de la segunda mitad del siglo xx.

El cine, que tuvo sus inicios en nuestro país al terminar el siglo XIX, se convirtió en una floreciente industria que entre 1932 y 1955 ganó el afecto de la mayoría de la gente porque en sus películas veía reflejadas tanto sus vidas como sus aspiraciones, lo cual contribuyó al cambio de tradiciones y comportamientos, y a construir una identidad nacional que fue reconocida en el mundo a través de las actuaciones de ídolos populares como Mario Moreno *Cantinflas*, Pedro Infante, María Félix, Pedro Armendáriz, Dolores del Río, Germán Valdés *Tin Tan*, Sara García, Joaquín Pardavé, *El Santo*, y otros más.

Durante la primera mitad del siglo XX, la gente solía asistir a salones de baile, carpas y teatros para entretenerse.

Temas de la historia nacional y de la vida cotidiana de campesinos, obreros, revolucionarios, vagos, carpinteros, secretarias, vendedores, policías y ladrones, políticos, luchadores, futbolistas, boxeadores, camioneros, voceadores, empleados públicos, bailarinas, charros, revolucionarios, pobres y ricos, además de otros tantos personajes que fueron escenificados en las pantallas y difundieron en todo el país y en el mundo la idea de que la manera de ser de los mexicanos era generosa, rebelde, solidaria, divertida, resignada y patriota, entre tantas otras cualidades que se resumían en la creencia de que "como México, no hay dos".

A través de la radio, cuyo primer programa se transmitió en 1921, el público no sólo se divertía e informaba, sino que también se identificaba con los valores que difundían distintos programas, como las radionovelas, los noticiarios y los concursos. Al mismo tiempo, la radio sirvió para que la gente inclinara sus gustos hacia diversos productos que se anunciaban, pero también hacia los artistas del momento, cuya música y canciones fueron consideradas una expresión de la cultura nacional, como las composiciones de Agustín Lara. La radio, al igual que el cine y la televisión, ha cumplido también una función informativa, porque quienes no sabían leer ni escribir se forjaron una idea de México y del mundo con la información que escuchaban.

Un acontecimiento muy importante fue la creación del Instituto Nacional de Antropología e Historia en 1939 por mandato del presidente Lázaro Cárdenas con el propósito de convertirse en la institución dedicada a la preservación, protección y difusión del patrimonio arqueológico, antropológico e histórico de la nación

Germán Valdés, *Tin Tan* (1915-1973).

mexicana. Esta institución ha desempeñado un papel clave en la preservación de la herencia cultural de México y el mundo.

Con la televisión, que inició sus transmisiones en la década de 1950, las familias comenzaron a introducir nuevas costumbres en su convivencia diaria. En su lugar, los estilos de vida, ideas, creencias y otras actividades realizadas por sus artistas favoritos influyeron en el comportamiento de la mayoría de la gente y contribuyeron a producir nuevas formas de expresión cultural. La vida en las ciudades se convirtió en el gran tema y el gran modelo a ser imitado, junto con la cultura estadounidense, pues en la pantalla parecía ocurrir todo: el cabaret, el salón de baile, las calles, la cantina, la fiesta, el ring, la fábrica, el autobús, la casa, etcétera.

La televisión, con su poder "magnético", fue utilizada también para llevar educación a las poblaciones geográficamente aisladas, alejadas de los centros urbanos pequeños con muy pocos habitantes a través de los proyectos de Telesecundaria. Así, para la década de 1970 la cultura nacional unificó sus formas de expresión y sus costumbres gracias a la influencia de los medios masivos de comunicación.

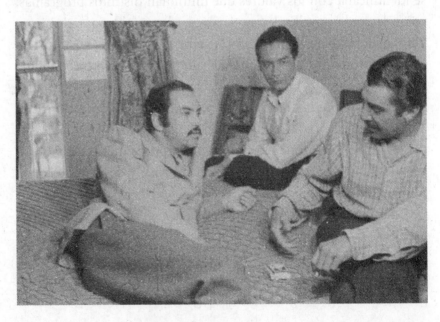

El actor Pedro Armendáriz en 1946.

Los escritores Luis G. Basurto y Xavier Villaurrutia durante un programa de radio.

La llegada de la televisión revolucionó la dinámica de las familias mexicanas.

 ## UN DATO INTERESANTE

El mexicano Guillermo González Camarena fue el inventor de la televisión a color, la cual hoy se encuentra en la mayoría de los hogares del mundo. González Camarena realizó sus estudios de ingeniería en el Instituto Politécnico Nacional.

En 1963 hizo la primera transmisión con su llamado sistema cromático, lo que le dio gran renombre.

Los primeros éxitos internacionales los obtuvo durante la transmisión de los Juegos Olímpicos de 1964. Fue además un gran amante de la cultura mexicana (compuso algunas canciones), un astrónomo aficionado y buen conocedor de la historia de nuestro país.

## La educación nacional

La falta de educación de la mayor parte de la población era uno de los principales problemas del país al comenzar el siglo XX, porque las carencias educativas producían otros problemas que afectaban al conjunto de la sociedad. Con ellas las desigualdades no sólo se mantenían, también se extendían de generación en generación.

La importancia de este problema ya había sido considerada en la Constitución de 1917, pero no fue sino hasta 1921 que se creó la Secretaría de Educación Pública (SEP), que tuvo como misión organizar los recursos públicos para llevar la educación básica a todos los habitantes del país. Con éstas y otras medidas comenzó a funcionar el sistema educativo nacional.

En la década de 1930, bajo el lema de la "educación socialista", se propuso convertir a la escuela, junto con los ejidos colectivos, en medios de la transformación social y del desarrollo económico del país. Ello supuso la aplicación de los principios establecidos desde la Constitución de 1917 para eliminar de la enseñanza los contenidos religiosos e impartir una educación científica con la que los niños tomaran conciencia de que eran trabajadores de la patria y agentes del cambio social.

En la década de 1940 continuó la enseñanza de las ciencias, la técnica y las artes. No obstante, se descuidó la educación indígena y rural, así como la formación de maestros. Se pusieron en marcha reformas para resolver estos y otros problemas del sistema educativo y planear su desarrollo.

Salón de clases característico de la década de 1920.

A partir de acciones impulsadas principalmente por Jaime Torres Bodet, secretario de Educación, se llevaron a cabo reformas para cambiar los planes de estudio de todos los niveles y se establecieron en 1959 los libros de texto gratuitos, como el que tienes en tus manos.

Junto con la educación básica, la educación universitaria también vivió importantes cambios. A lo largo de las décadas de 1930 a 1970 se fundaron varias universidades públicas en estados como Nuevo León, Jalisco, Puebla, Querétaro, Campeche, Hidalgo y San Luis Potosí, entre otros. En ellas se han formado profesionistas de diversas disciplinas que han contribuido con su trabajo al desarrollo económico y social del país.

## COMPRENDO Y APLICO

Reflexiona sobre las siguientes preguntas y contesta en tu cuaderno.

- ¿Por qué crees que es importante la educación?
- ¿Por qué es necesario que el Estado brinde educación en México?
- ¿Por qué fue importante la creación de los libros de texto gratuitos?

Niños leyendo en biblioteca pública.

Hermanos caminando rumbo a la escuela.

# Temas para analizar y reflexionar

## La solidaridad de México hacia los pueblos en conflicto

En 1936 comenzó en España una guerra civil que enfrentó a los defensores de la República y al bando que estaba de acuerdo con el establecimiento de un gobierno militar encabezado por el general Francisco Franco, quien a su vez era apoyado por países como Alemania e Italia.

El presidente Lázaro Cárdenas respaldó la causa republicana y ofreció ayuda y protección a los defensores de la República española. Así, a partir de 1937 comenzaron a llegar a México españoles que huían de la guerra y de la represión del gobierno franquista. Pero fue a partir de 1939, cuando terminó la guerra a favor de Franco, que arribaron en número abundante a México.

Algunos de ellos eran destacados científicos e intelectuales que trabajaron con la Universidad Nacional Autónoma de México y el Instituto Politécnico Nacional. Para dar cabida a otros, fundaron La Casa de España, hoy El Colegio de México. Entre los refugiados españoles también llegaron más de 400 niños, de entre 6 y 12 años

Niños españoles refugiados en México a causa de la guerra civil española.

de edad; hijos de pescadores, campesinos, carpinteros y combatientes republicanos que habían muerto en batalla o que decidieron enviar a sus hijos fuera de su país para salvarles la vida. Se les conoció como los "niños de Morelia", porque fueron instalados en un sanatorio de esa ciudad bajo la protección inicial del gobierno mexicano.

Los "niños de Morelia" traían consigo la dolorosa experiencia de presenciar los asesinatos y los ataques aéreos a sus poblaciones, así como la esperanza, nunca cumplida para muchos, de volver junto a sus padres cuando terminara la guerra. Estos niños enseñaron sus juegos a los niños mexicanos, así como las canciones de la guerra que cantaban; muchas de sus costumbres fueron adoptadas por los habitantes de Morelia y hoy en día son parte de la cultura de México.

## INVESTIGO Y VALORO

Investiga y profundiza más sobre este hecho histórico y otros similares en los que México ha mostrado el valor de la solidaridad con grupos o personas que son perseguidos o expulsados de sus países debido a sus ideas republicanas o por defender los derechos humanos.

Apóyate también en lo que has estudiado en Formación Cívica y Ética. Comparte con tus compañeros los resultados de tu investigación.

Grupo de niños españoles refugiados, conocidos como "los niños de Morelia", en el comedor del asilo.

## El movimiento estudiantil de 1968

En el verano de 1968, en ejercicio del derecho constitucional de expresar libremente las ideas, se inició una serie de protestas estudiantiles contra las autoridades de la ciudad de México, que fueron reprimidas por la fuerza y encarcelados algunos de sus participantes, entre ellos empleados y amas de casa.

En ese tiempo, los ojos del mundo estaban atentos a lo que ocurría en México porque por primera vez se realizarían los Juegos Olímpicos en un país latinoamericano. Al mismo tiempo, el mundo vivía los conflictos provocados por la competencia entre la Unión Soviética y Estados Unidos por imponer su dominio político y económico, lo que se conoció como Guerra Fría; a causa de ello la libertad de expresión había sido limitada. No obstante, en la década de 1960 surgieron protestas de amplios sectores de la juventud que estaban inconformes con las desigualdades económicas, políticas y sociales que había en sus sociedades, en países como Francia, España, Alemania, Brasil, Italia y Japón.

Los jóvenes demandaban un nuevo orden social que eliminara los privilegios y beneficiara a las mayorías. Sus ideales de cambio social fueron calificados como de **izquierda** y desdeñados por quienes consideraban que no había nada que cambiar. Por ello, fueron reprimidos por las autoridades de sus países al no reconocer el valor de sus demandas.

**Izquierda.** En política se usa para referirse a las ideas que se basan en la igualdad social y el respeto de los derechos colectivos. Se opone a la propiedad privada y a la concentración del poder en una sola persona o grupo.

Obras gráficas de la época del Movimiento estudiantil de 1968.

En México, un sector de la juventud compartía esos ideales, y la represión de que habían sido objeto una vez más les dio la oportunidad de protestar y exigir cambios. A su protesta se unieron trabajadores, profesores, amas de casa y ciudadanos inconformes con el autoritarismo del gobierno, el cual acusó a los estudiantes de ser una amenaza para la paz social. Esta acusación fue repetida y difundida en los periódicos, la radio y la televisión, y contribuyó a que la población tuviera una visión negativa de los estudiantes.

El 2 de octubre de 1968 se organizó un mitin en la Plaza de las Tres Culturas de Tlatelolco, en la ciudad de México. Ahí demandaron a las autoridades la desaparición del cuerpo de granaderos; la destitución del jefe y el subjefe de la policía metropolitana y del jefe del batallón de granaderos; la eliminación del **delito de disolución social** del Código Penal; la indemnización a los familiares de los estudiantes muertos y heridos en las protestas llevadas a cabo el mes de julio, y garantías para los estudiantes.

En respuesta, los manifestantes fueron agredidos. Muchos murieron, otros resultaron heridos y encarcelados. La hostilidad del gobierno y de los medios de comunicación hacia el movimiento estudiantil fue tal que su magnitud fue silenciada.

**Delito de disolución social.** Consistió en difundir, de forma hablada o escrita, a través de cualquier medio, propaganda política con ideas que puedan perturbar el orden público o afectar la soberanía del país.

Manifestación estudiantil en el Zócalo de la ciudad de México.

Pero ¿qué consecuencias tuvo el movimiento estudiantil de 1968? Después de los acontecimientos de Tlatelolco diversos sectores de la población se unieron para protestar en contra de la represión policiaca y del Ejército. Además, los cuestionamientos y críticas hacia el partido oficial (PRI) fueron más constantes y se hicieron desde diferentes expresiones culturales. Entre otros, en la música, Álex Lora y Óscar Chávez; en la literatura, Carlos Monsiváis y Elena Poniatowska; en la poesía, Octavio Paz. Asimismo, se considera que después del 2 de octubre se inició un proceso de desgaste de la legitimidad del gobierno del PRI. Otros movimientos posteriores (guerrillas, sindicatos, partidos de oposición, etcétera) contribuyeron con sus luchas a la democratización del país y a la alternancia en el gobierno, como veremos en el siguiente bloque.

Marcha del silencio en 1968.

Manifestación estudiantil frente al edificio de la rectoría de la UNAM, en 1968.

## INVESTIGO Y VALORO

Investiga con las personas mayores de tu familia o de tu comunidad más información sobre este movimiento social.

Puedes indagar por qué protestaban los estudiantes y sobre algunos acontecimientos importantes del movimiento y lo ocurrido el 2 de octubre de 1968. Anota la información que investigues, y junto con la que lleven tus compañeros hagan un periódico mural. Péguenlo en un lugar visible de la escuela para que todos sepan qué pasó en México en ese año. No olviden hablar de la importancia de este acontecimiento en nuestra vida actual.

2 de octubre de 1968, Tlatelolco, ciudad de México.

# Lo que aprendí

1. Completa la siguiente tabla. Recupera de tu cuaderno lo que escribiste en "Mi respuesta inicial" y lo que anotaste de nueva información en cada tema. ¿Tu respuesta inicial cambió a partir de lo que aprendiste? ¿Por qué?

| Pregunta detonadora de bloque | ¿Qué elementos favorecieron o limitaron el desarrollo de México después de la Revolución? |
| --- | --- |
| Mi respuesta inicial | |
| Nueva información que obtuve al estudiar el bloque IV | |
| Mi respuesta final | |

2. Completa el siguiente cuadro. Al terminar, reflexiona acerca de lo que estudiaste en el bloque. Coméntalo con tu maestro y el grupo.

| Marca con una "X" tu nivel de desempeño durante el bloque | | Excelente | | Regular | | Requiero esforzarme más |
|---|---|---|---|---|---|---|

**Escribe: ¿Qué necesitarías para mejorar tu desempeño?**

# Evaluación

Lee las siguientes preguntas y subraya la respuesta correcta.

1. Fue una de las causas de la rebelión cristera.

   a) La Iglesia católica suspendió actividades en todos sus recintos.

   b) Acuerdo entre la Iglesia católica de no participar en la vida política del país.

   c) La prohibición del culto externo y la delimitación del número de sacerdotes.

2. Son organizaciones reconocidas por la ley que proponen soluciones a los problemas nacionales diferentes de las que impulsa el gobierno.

   a) Sindicatos obreros.

   b) Partidos clandestinos.

   c) Partidos de oposición.

3. Periodo en que México nacionalizó su industria petrolera.

   a) Cardenismo.

   b) Desarrollo industrial.

   c) "Milagro mexicano".

4. Derecho muy importante de los mexicanos que fue reprimido por el gobierno durante el movimiento estudiantil de 1968, la libertadad de:

a) Culto.

b) Elección.

c) Expresión.

5. La prosperidad que se logró en el país a finales de la década de los setenta fue impulzada por la:

a) Actividad agropecuaria.

b) Actividad petrolera.

c) Libertad de expresión.

# BLOQUE V

## México al final del siglo XX y los albores del XXI

Composición fotográfica de la
diversidad de la niñez en México.

# Panorama del periodo

## Ubicación temporal y espacial de los cambios políticos, económicos, sociales y tecnológicos de las últimas décadas

**PARA INICIAR**

Observa el *collage* de la entrada del bloque V y contesta las siguientes preguntas.

- ¿Quiénes aparecen en las imágenes?

- ¿Qué actividades realizan las personas?

- ¿Qué semejanzas y diferencias hay entre las imágenes?

- ¿Con cuáles elementos te identificas? ¿Por qué?

- ¿Qué problemas enfrenta la niñez mexicana?

- Si tuvieras que explicar a un niño de otro país la riqueza y diversidad cultural de México, ¿qué le dirías? Escríbelo en tu cuaderno y al final compara tu respuesta con tus compañeros.

En este bloque estudiarás las últimas tres décadas de la historia de México. Los acontecimientos y los procesos ocurridos en este periodo han influido directamente en la actualidad. Es decir, de una forma u otra se relacionan con tu vida y la de tu familia.

En el aspecto político, el cambio más importante fue el fin del sistema dominado por un solo partido. Este cambio fue gradual y se produjo con la participación de muchos ciudadanos. En la actualidad, distintos partidos pueden aspirar a encabezar el gobierno federal, los estados y los municipios, y los ciudadanos ejercen el derecho de expresar sus opiniones libremente.

La economía se ha caracterizado porque México estableció tratados comerciales con otros países con la finalidad de intercambiar libremente productos y materias primas. Esta apertura benefició a algunos sectores, ya que permitió a los mexicanos adquirir tecnología y productos novedosos para la industria, las comunicaciones, el transporte, la medicina, el entretenimiento y la informática, entre otros.

A finales del siglo pasado, el desarrollo científico y tecnológico se incrementó en un tiempo relativamente corto a nivel mundial influyendo a través de diversos cambios en la vida cotidiana de los mexicanos. Sin embargo, se han generado también nuevos problemas por los altibajos en la economía a causa de las medidas establecidas por el gobierno que afectaron la producción agrícola, así como a las pequeñas y medianas empresas. Con ello aumentaron la pobreza, la **marginación**, el desempleo y el descontento social. Como consecuencia, muchos mexicanos se vieron obligados a emigrar a Estados Unidos en busca de trabajo y de un mejor futuro para sus familias.

**Marginación.** Poner o dejar a una persona o grupo en condiciones sociales, políticas, económicas o legales de inferioridad.

Vista de la ciudad de México, el Palacio de Bellas Artes y junto la Alameda Central.

En este periodo la población mexicana aumentó casi el doble, al pasar de 66.8 millones de habitantes en 1980 a 112.3 millones en 2010. Actualmente, la mayor parte de los habitantes del país son jóvenes y viven en centros urbanos.

El incremento de la población y de las actividades productivas, así como el uso irresponsable de los recursos naturales, provocaron graves daños al ambiente.

En estas últimas décadas la forma de vida ha experimentado cambios significativos; si bien aún conservamos una cultura y una identidad arraigadas a nuestra historia, éstas se han enriquecido con nuevas expresiones surgidas de los cambios sociales recientes a nivel nacional y mundial. Es posible observar la cultura mexicana como un mosaico de elementos muy diversos, que por un lado tiene su origen en la tradición indígena y el medio rural y, por otro lado, en otras influencias del extranjero, que ya forman parte de nuestro estilo de vida.

## CUÁNDO Y DÓNDE PASÓ

Observa la línea del tiempo y el mapa histórico. Responde en tu cuaderno las siguientes preguntas.

De acuerdo con la línea del tiempo:

■ ¿Cuántas décadas han transcurrido desde 1980 hasta el año actual?

■ ¿A qué siglos corresponde este periodo de estudio?

■ ¿Qué acontecimientos de la línea del tiempo te llamaron más la atención? ¿Por qué?

■ ¿Qué presidente gobernaba México cuando naciste?

■ ¿Es del mismo partido político del gobierno actual?

■ ¿Qué partidos políticos han gobernado nuestro país?

De acuerdo con el mapa:

■ ¿Qué tipo de información proporciona?

■ ¿Cuál consideras la principal causa de la migración?

■ ¿Cuál es el grado de intensidad de la migración en tu estado?

■ ¿Qué entidades registran el mayor porcentaje de migración?

■ ¿Qué entidades registran el menor grado de migración?

Muestra la línea del tiempo a tus padres y pídeles que te hablen de otros acontecimientos que hayan ocurrido en ese periodo; puede ser un programa de televisión, una película, un acontecimiento político o económico, etcétera.

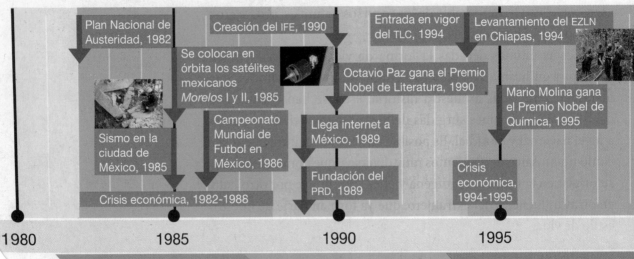

Plan Nacional de Austeridad, 1982

Creación del IFE, 1990

Entrada en vigor del TLC, 1994

Levantamiento del EZLN en Chiapas, 1994

Se colocan en órbita los satélites mexicanos *Morelos* I y II, 1985

Octavio Paz gana el Premio Nobel de Literatura, 1990

Mario Molina gana el Premio Nobel de Química, 1995

Sismo en la ciudad de México, 1985

Campeonato Mundial de Futbol en México, 1986

Llega internet a México, 1989

Crisis económica, 1982-1988

Fundación del PRD, 1989

Crisis económica, 1994-1995

1980　　　　　1985　　　　　1990　　　　　1995

Miguel de la Madrid Hurtado 1982-1988

Carlos Salinas de Gortari 1988-1994

Ernesto Zedillo Ponce de León 1994-2000

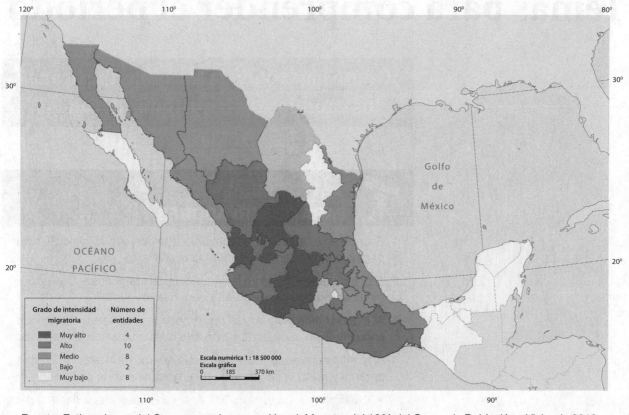

Fuente: Estimaciones del Conapo con base en el Inegi. Muestra del 10% del Censo de Población y Vivienda 2010.

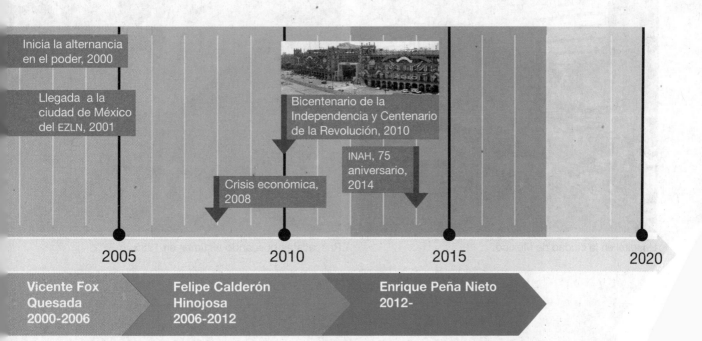

# Temas para comprender el periodo

## ¿Cómo han vivido las familias mexicanas los cambios de las últimas décadas?

### PARA OBSERVADORES

1. Escribe en tu cuaderno la pregunta que aparece al inicio de esta página con el título "Mi respuesta inicial".

2. A continuación, observa la secuencia de imágenes. ¿Qué escribirías como posible respuesta para esa pregunta?

3. Al estudiar este bloque, irás registrando la información nueva que encuentres en cada tema y que esté relacionada con la pregunta.

4. Al terminar el bloque V, completa el esquema de la sección Lo que aprendí y utiliza la información que registraste en tu cuaderno.

Hospital en la ciudad de México.

Rescatistas buscando víctimas en 1985.

# LEO Y COMPRENDO

Después de estudiar cada tema para comprender el periodo, elabora en tu cuaderno un esquema como el siguiente y responde las preguntas, según se presente la información en tu libro.

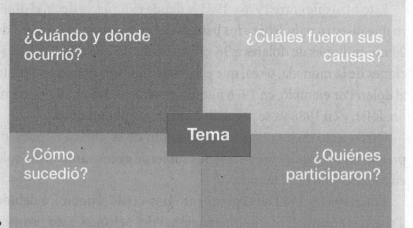

¿Cuándo y dónde ocurrió?

¿Cuáles fueron sus causas?

**Tema**

¿Cómo sucedió?

¿Quiénes participaron?

Grupo de guerrilla zapatista.

Alumnos en clase de computación.

Festejos por el Bicentenario de la Independencia y Centenario de la Revolución

## La situación económica en el país y la apertura comercial

Una crisis económica se caracteriza por el desempleo, el cierre de empresas y el aumento en los precios de los productos que consumes. Nuestro país entró en una crisis económica muy fuerte después de la caída de los precios del petróleo a nivel mundial y el endeudamiento que se produjo por los préstamos invertidos en la industria petrolera.

Esto hizo que entre 1976 y 1985 la deuda externa, es decir, el dinero que nuestro país debía a los bancos de otros países, aumentara de 23 mil millones de dólares a 96 mil millones, lo que causó devaluaciones de la moneda, o sea, que el peso perdió su valor con respecto al dólar. Por ejemplo, en 1976 nuestra moneda valía 12.50 pesos por un dólar, y en 1988 ya se pagaban 2 285 pesos por un dólar.

Otro efecto de las crisis fue el aumento de la inflación, pues los precios de los productos y servicios subieron excesivamente no sólo en México sino en el mundo.

Entre 1981 y 1982 se experimentó una crisis económica debido a que disminuyó el precio internacional del petróleo. Esto provocó que los ingresos del gobierno mexicano se redujeran bruscamente y resultó afectada la economía. Para enfrentar esta situación el gobierno tomó diversas medidas, como la nacionalización de la banca (en 1982), es decir, que todos los bancos pasaron a ser propiedad de la nación. También se pusieron a la venta empresas del Estado, se firmaron acuerdos para abrir la economía nacional a las inversiones extranjeras y al comercio internacional, y se solicitaron nuevos préstamos.

Con estas acciones, la economía del país tomó un nuevo rumbo: se fue integrando cada vez más a la dinámica de la economía mundial y las empresas privadas adquirieron mayor importancia.

Durante las tres últimas décadas hemos experimentado los efectos de este cambio. Por un lado, se ha presentado cierto crecimiento y aumento de la inversión privada, no obstante, continúan algunos problemas como la desigualdad social, el

**Inflación.** En economía, se usa para referirse al aumento generalizado de los precios, por lo que al subir los costos, el dinero alcanza para comprar menos productos y servicios.

EL BANCO DE MEXICO 5000

...llete de 5 000 pesos que salió de circulación a finales de los ochenta.

enriquecimiento de una minoría de empresarios nacionales y extranjeros, el aumento del desempleo, de la economía informal y de la pobreza extrema, así como la pérdida del poder adquisitivo de los salarios; es decir, que las personas ya no pueden comprar algunos productos que antes estaban a su alcance.

Como consecuencia de la integración de México en la economía mundial, en la década de 1980, el país inició una apertura a los mercados internacionales mediante la firma de diversos tratados comerciales. El más importante es el Tratado de Libre Comercio de América del Norte (TLC), firmado con Estados Unidos y Canadá, que entró en vigor en 1994 durante el gobierno de Carlos Salinas de Gortari (1988-1994).

Con este acuerdo se pretendía que México aumentara sus exportaciones a dichos países y que pudiera adquirir artículos extranjeros a menor costo. Como consecuencia de este tratado, aumentó la venta de algunos productos mexicanos, sobre todo los de origen agropecuario e industrial.

Sin embargo, las manufacturas y los agricultores nacionales quedaron en desventaja frente a sus competidores extranjeros debido a que los productos mexicanos son más costosos.

Además del TLC, México ha firmado tratados de libre comercio con la Unión Europea y países como Chile, Guatemala, Venezuela, Colombia, Bolivia, Israel y Japón.

## COMPRENDO Y APLICO

Entrevista a tus abuelos, padres o familiares mayores para que te cuenten cómo vivieron los años de crisis económicas.

- Elabora un cuestionario en donde incluyas algunas preguntas: ¿cómo era el estilo de vida de las personas? ¿Cuánto costaban algunos productos? ¿Qué pensaba la gente acerca de las crisis? ¿Qué acciones emprendió el gobierno de ese entonces?

- Al finalizar, comenta con tu profesor y tus compañeros: ¿qué efectos tiene una crisis económica en tu vida cotidiana? ¿Cómo consideran que se encuentra la economía en la actualidad?

B V

167

Firma del Tratado de Libre Comercio de América del Norte (TLC), 1992.

## Expansión urbana, desigualdad y protestas sociales del campo y la ciudad

Al inicio de la década de 1970, debido a la crisis económica que vivía el país, mucha gente buscó mejorar su situación emigrando a las ciudades. Las zonas urbanas crecieron de manera acelerada, aumentaron los asentamientos irregulares y la demanda de vivienda y servicios públicos (agua potable, luz, drenaje). También se agravaron los conflictos sociales característicos de la sobrepoblación, como la falta de empleo, la contaminación, la sobreexplotación de los recursos naturales, la pobreza, el hambre y la desnutrición, entre otros.

Históricamente, México se ha caracterizado por tener marcadas desigualdades sociales y económicas que se han agravado en las últimas décadas. Según datos del Banco Mundial, en México alrededor de 40% de las personas vive en condiciones de pobreza.

Esta situación se refleja en que gran parte de la población tiene limitado acceso a la educación, la alimentación, la vivienda, la salud, los empleos bien remunerados y a los servicios públicos.

También hay otras expresiones de injusticia social, como la discriminación a los indígenas y a la gente pobre, la aplicación desigual de la ley, el maltrato hacia las mujeres y los niños, el rechazo hacia los adultos mayores y las personas con discapacidad, entre otras. ¿Has observado algunas de estas injusticias? ¿Qué piensas al respecto?

Durante el periodo que estás estudiando, en numerosas ocasiones muchos de los sectores de la sociedad (trabajadores, estudiantes, indígenas, profesionistas, mujeres y ciudadanos en general) han impulsado movimientos de protesta, exigiendo la solución a problemas que afectan a grupos particulares o a la sociedad en su conjunto. La mayoría de estos movimientos ha tenido un carácter pacífico al emplear medios como plantones, marchas, toma de oficinas públicas y paros laborales. Por otro lado, algunas personas han formado grupos como las Organizaciones no

Migrantes en el Cañón Zapata, rumbo al punto de cruce hacia Estados Unidos.

Tianguis urbano donde se encuentran a la venta productos nacionales y extranjeros.

gubernamentales (ONG) o las organizaciones de la sociedad civil (OSC) a fin de promover la defensa de los derechos humanos, los derechos de los animales, la protección del medio ambiente, entre otras causas.

Actualmente, los movimientos sociales en México y sus demandas son muy variados. Algunos grupos exigen el respeto a los pueblos indígenas, a la diversidad sexual y la equidad de género; otros, mejores condiciones de trabajo, igualdad de derechos o acciones más enérgicas en contra de la violencia y el crimen. Algunas de sus propuestas han encontrado cabida dentro del sistema de leyes en México y se ha impulsado la defensa de sus peticiones.

Mujer lavando cerca de la bahía de Acapulco. Muestra del contraste económico, un factor para el descontento social.

Manifestación en la ciudad de México, 2012.

COMPRENDO Y APLICO

En nuestro país en 2010 las entidades con mayor número de habitantes eran: Estado de México (15 175 862), Distrito Federal (8 851 080) y Veracruz (7 643 194). Las menos pobladas eran Baja California Sur (637 026), Colima (650 555) y Campeche (822 441).

■ En un mapa de la República mexicana ilumina cada una de estas entidades. Observa tu mapa. ¿Cuál es la región más poblada de México? ¿A qué crees que se deba? Intercambia tus opiniones con tus compañeros de clase. Te sugerimos revisar el *Atlas de México* para complementar esta actividad.

■ Busca información acerca de tu familia. Puedes iniciar elaborando un árbol genealógico para saber de dónde eran originarios tus bisabuelos, abuelos y padres, para saber si todos nacieron en el mismo lugar. Si en tu familia hay migrantes, elabora un texto en donde expongas las causas que los hicieron cambiar de residencia. Puedes hacer un mapa.

Miguel de la Madrid Hurtado. Presidente entre 1982 y 1988.

Carlos Salinas de Gortari. Presidente entre 1988 y 1994.

## Reformas en la organización política, la alternancia en el poder y cambios en la participación ciudadana

A partir de la reforma electoral en 1977, se fomentó que cada vez más ciudadanos participaran en los procesos políticos nacionales, lo que dio espacio a la expresión de opiniones y puntos de vista que antes no se manifestaban abiertamente.

La participación ciudadana impulsó cambios que hicieron de México un país más democrático. Poco a poco la oposición ganó apoyo en distintas regiones del país hasta convertirse en una alternativa de gobierno al partido oficial, el Partido Revolucionario Institucional (PRI).

En las elecciones presidenciales de 1988, algunos dirigentes del PRI decidieron separarse y con militantes de grupos de izquierda u oposición formaron el Frente Democrático Nacional (FDN) para contender por la presidencia y nombraron candidato a Cuauhtémoc Cárdenas.

El PRI tuvo como candidato a Carlos Salinas de Gortari, el Partido Acción Nacional a Manuel J. Clouthier, el Partido Revolucionario de los Trabajadores a Rosario Ibarra de Piedra y el Partido Demócrata Mexicano a Gumersindo Magaña Negrete. Esas elecciones fueron muy competidas y cuestionadas. Carlos Salinas de Gortari fue electo para el periodo 1988-1994. Ese mismo año, por primera vez un candidato de oposición ganó las elecciones para gobernador en el estado de Baja California, Ernesto Ruffo Appel, del Partido Acción Nacional.

Con la finalidad de contar con una institución imparcial que diera transparencia y legalidad a los procesos electorales que se llevaban a cabo en todo el país, fue creado el Instituto Federal Electoral (IFE) en 1990 por iniciativa de una organización ciudadana llamada Alianza Cívica. El 1 de enero de 1994 el Ejército Zapatista de Liberación Nacional (EZLN), constituido en su mayoría por indígenas de Chiapas, se levantó en armas contra el gobierno nacional exigiendo reconocimiento y respeto a sus derechos. Como consecuencia de este levantamiento, se realizó una reforma a la Constitución en la que se reconoció y garantizó el derecho de los pueblos y las comunidades indígenas a la libre determinación para decidir sus formas internas de convivencia y organización social, económica, política y cultural.

En marzo de 1994, en plena campaña, el candidato del PRI a la presidencia de la República, Luis Donaldo Colosio, fue asesinado. Seis meses después, en septiembre, fue asesinado el secretario general del PRI, José Francisco Ruiz Massieu. Ambos homicidios cimbraron la conciencia del país. Las reformas políticas de fondo se hicieron más urgentes.

A estos crímenes se añadieron otros, como la matanza de Aguas Blancas (Guerrero) en 1995, donde murieron 17 campesinos, y la de Acteal (Chiapas) de 1997, en la que murieron 45 indígenas tzotziles.

En 1996 se llevó a cabo una nueva reforma electoral que le dio autonomía al IFE. Esto significaba que ahora el gobierno federal no tendría el control de las elecciones, sino que serían dirigidas por ciudadanos que no militaran en los partidos políticos.

Ernesto Zedillo Ponce de León. Presidente entre 1994 y 2000.

Otro resultado de esta reforma electoral fue que a partir de entonces los ciudadanos cuentan con una credencial de elector. En 1997 otro partido opositor (Partido de la Revolución Democrática, PRD) obtuvo el gobierno de la capital del país y todavía lo conserva.

En las elecciones presidenciales de 2000 el ganador fue el candidato del Partido Acción Nacional (PAN), Vicente Fox Quesada, quien se convirtió en el primer presidente que no provenía de las filas del partido oficial. Este proceso democrático, reflejado a través del voto, continuó con la presidencia de Felipe Calderón, quien culminó su mandato en 2012. A partir del 1 de diciembre de ese año se inició el periodo presidencial de Enrique Peña Nieto, del PRI.

De este modo, en las primeras décadas del siglo XXI se ha registrado en México un proceso de alternancia en el poder entre diferentes

Sesión Extraordinaria, 1 de julio de 2012.

Levantamiento del EZLN en Chiapas, 1994.

Vicente Fox Quesada, presidente entre 2000 y 2006.

partidos políticos. Esto significa que ya no es sólo un partido político el que gobierna el país, los estados y los municipios.

Además de su importancia para la vida política del país, la participación ciudadana abarca otros aspectos de la vida social, tales como la defensa de los derechos humanos, los derechos del niño y la mujer, los de los indígenas, el cuidado del ambiente y la lucha contra la inseguridad.

Democracia no significa solamente participar en las elecciones; también implica la preocupación y la participación permanente de los ciudadanos en los asuntos cotidianos de la comunidad.

Sólo el respeto a la ley hará de México un país desarrollado. Aprender a ser ciudadanos, pagar impuestos, votar y, al mismo tiempo, exigir nuestros derechos y cumplir nuestras obligaciones puede convertir a México en un país de gran desarrollo.

Felipe Calderón Hinojosa, presidente entre 2006 y 2012.

## COMPRENDO Y APLICO

Pide a tu maestro que organice al grupo en diferentes comisiones para planear unas elecciones en las que elegirán al partido que representará al grupo.

- Organicen partidos políticos como en la actividad del tema "Los partidos de oposición" del bloque anterior.
- Cada partido organizará una campaña previa a las elecciones, diseñará su logotipo y una frase que lo distinga de los demás. Elaboren un debate en el que presenten sus propuestas.
- También te sugerimos elaborar plantillas de los candidatos, urnas en las que depositarán sus votos, así como definir el día en que se llevarán a cabo las elecciones.
- Si tienen alguna duda, consulten a su profesor o familiares acerca de cómo se organizan unas elecciones.

Participación ciudadana.

# El impacto de las nuevas tecnologías: los avances de la ciencia y los medios de comunicación

Durante las últimas cuatro décadas la ciencia y la tecnología mundiales lograron grandes avances. Algunas de estas innovaciones se aplican en la industria civil y militar de los países desarrollados, pero otras también se emplean en aparatos de uso cotidiano que mejoraron la calidad de vida de las personas. Estos recursos tecnológicos fueron introducidos en México masivamente en la medida en que nuestro país abrió sus puertas al comercio internacional, y actualmente ocupan un lugar muy importante en la vida diaria de millones de personas.

Seguramente, por el testimonio de tus familiares y por imágenes de libros y revistas, sabes que las ciudades y los pueblos han cambiado, tanto en su tamaño, diseño, servicios, entre otros. Los cambios más notables fueron la electrificación del país, nuevos medios de comunicación y de transporte.

La construcción, modernización y ampliación de la red de carreteras, puentes y túneles ha sido fundamental tanto para el transporte de personas y mercancías como para mantener comunicadas a un mayor número de poblaciones. Lo anterior ha hecho que el comercio se diversifique, que las personas busquen otras oportunidades de empleo y que las zonas rurales se urbanicen. En las principales ciudades, como Guadalajara, Monterrey y el Distrito Federal, se han construido redes del metro para facilitar el desplazamiento de sus habitantes.

A partir de la década de 1970 se inició en México la televisión vía satélite, que facilitó la transmisión, de manera instantánea, de noticias o acontecimientos desde otras partes del mundo. Actualmente, los medios de comunicación masiva tienen cobertura en casi todo el país e influyen en los modos de vida de la sociedad y en la opinión pública sobre ciertos temas que acontecen en el país y el mundo.

La tecnología de los periódicos, las revistas y los libros se modernizó: actualmente se imprime un mayor número de ejemplares en menor tiempo y son más accesibles para la población. También existen audiolibros y libros virtuales, como los que hay en tu Biblioteca Escolar.

Internet se utiliza como un medio que ha favorecido el acceso a mayor cantidad de información y a formas de comunicación con lugares más apartados a través de las redes sociales. Antes eran inimaginables los teléfonos celulares o pensar que en una pequeña tarjeta de memoria guardaríamos documentos, fotografías, videos y canciones.

Los avances de la tecnología han sido sorprendentes.

Aparato reproductor de mp3; empezó a circular a finales de los años noventa

Sin embargo estos avances muchas veces no llegan de forma equitativa a toda la población, por lo que es necesario hacer un esfuerzo mayor para impulsar el desarrollo de la ciencia y la tecnología. Prueba de ello son los trabajos que se realizan en instituciones como la UNAM y el IPN en diversas áreas y de personajes como Mario Molina, quien recibió en 1995 el Premio Nobel de Química.

Date cuenta de que los avances científicos y tecnológicos cambian la forma de interactuar de la sociedad, por lo que es importante valorar los beneficios que proporcionan pero también reflexionar acerca de lo que aportan y el uso responsable que se les debe dar. En este sentido, ¿qué opinión tienes sobre los programas de televisión que ves? ¿Qué tipo de información consultas en internet? ¿Cómo usas las redes sociales? ¿Aportan algo importante para tu formación como ser humano?

## PARA SABER MÁS

Para profundizar en el tema, entra al portal Primaria TIC, <http://www.portaleureka.com>, y busca el contenido tecnología.

Antenas de radio y transmisoras de telefonía móvil.

El metro de Guadalajara.

e la reproducción mediante láser.

El metrobús de la ciudad de México.

Ejemplos de evolución tecnológica.

B V

175

## COMPRENDO Y APLICO

Investiga qué objetos antiguos existen en tu casa, por ejemplo, planchas, utensilios, discos, cámaras fotográficas, periódicos, casetes, cámaras fotográficas, los primeros celulares, entre otros.

■ Una vez que hayas seleccionado los objetos, pregunta a tus padres o familiares para qué se usaban y cuál fue el año aproximado de fabricación. Anota la información en tu cuaderno.

■ En grupo y con orientación de tu maestro organicen un museo con los objetos, pregunten a sus familiares si es posible llevarlos a la escuela o bien, pueden dibujarlos.

■ Preparen el espacio y las fichas que describan cada objeto con el fin de crear una visita guiada donde puedan mostrarlos en orden cronológico.

■ Finalmente, comenten cómo son los objetos que se usan actualmente, compárenlos con los de su museo e imaginen los cambios que habrá en el futuro gracias a los avances tecnológicos.

## El compromiso social para el cuidado del ambiente

El tráfico vehicular es uno de los principales factores del deterioro ambiental.

A lo largo de la historia de la humanidad, las personas han realizado diferentes actividades, como la agropecuaria, minera e industrial, sin dejar de lado la urbanización; todo esto modificó, transformó y alteró el ambiente, pues para llevarlas a cabo se necesitaron extensiones de tierra para sus cultivos, talar árboles, extraer materias primas y contruir sus viviendas, lo que provoca deforestación, explotación y contaminación de grandes áreas. Un ejemplo claro es el Valle de México, que ha ido cambiando su ambiente de manera acelerada.

En todos los niveles, mundial, nacional o local, los avances tecnológicos y científicos han traído beneficios para los seres humanos, pero también algunos perjuicios. En el caso de México, con la modernización y los grandes avances tecnológicos también se ha presentado deterioro ambiental, la transformación del paisaje, la contaminación de los recursos naturales, la destrucción de grandes ecosistemas y la desaparición de fauna y flora, pues la tala de grandes extensiones de bosques y arrojar las aguas residuales a los ríos, acarrea graves problemas.

Ejemplo de lo anterior es que antes pocas familias contaban con un auto propio, por lo que éste era compartido con vecinos o, en su mayoría, se utilizaban transportes colectivos. Pero a medida que la industria automotriz ganó terreno en nuestro país fue más sencillo adquirir un vehículo, por ello, en la actualidad hay tantos coches que el tránsito en las grandes ciudades es difícil, además de que el combustible que consumen contamina el aire.

Muchos terrenos de cultivo y extensas zonas ricas en flora y fauna desaparecieron para construir nuevos poblados, caminos y puentes.

Otro problema es la falta de agua potable para abastecer a la población de las grandes ciudades. Tiene que traerse de lugares más lejanos o extraerse de pozos cada vez más profundos.

El deterioro ambiental de nuestro país puede ser revertido, pero para ello es necesario el compromiso de todos. Es importante que participemos en su solución y exijamos el cumplimiento de las leyes que protegen el ambiente. En nuestra casa, trabajo, comunidad o escuela podemos iniciar actividades concretas para mejorar el entorno. Para lograrlo necesitamos observar nuestro alrededor e identificar alternativas menos dañinas al ambiente, cambiar conductas y tomar decisiones basadas en el mejoramiento de la calidad de vida.

Algunas de las acciones que se pueden emprender son: cuidar bosques, animales, fuentes de agua y aire; no tirar basura en las calles, colocarla en los lugares correctos, separarla y reciclarla; usar las hojas de papel por ambos lados; reparar fugas de agua, cerrar bien las llaves y utilizar la necesaria; apagar las lámparas y desconectar los aparatos eléctricos de la casa cuando no se ocupen; utilizar lo menos posible el automóvil, caminar, usar la bicicleta o el transporte público, entre otras.

## COMPRENDO Y APLICO

Después de leer el texto, formen equipos para investigar qué problemas ambientales existen en su casa, escuela y comunidad.

◼ Elaboren en su cuaderno una tabla como la siguiente. Anoten en la segunda columna los problemas que encontraron. En la siguiente columna propongan acciones que puedan llevar a cabo para solucionar o disminuir el problema.

| Lugar | Problemas | Acciones |
|---|---|---|
| En la casa | | |
| En la escuela | | |
| En la comunidad | | |

◼ Compartan con los demás equipos el resultado de su investigación y las acciones que proponen para enriquecer el cuadro.

◼ Con orientación de su maestro elaboren un periódico mural que contenga la información que recabaron y las acciones que todos pueden emprender para mejorar el lugar donde viven, compártanlo con la comunidad escolar. No olviden ilustrarlo con los recursos que tengan disponibles.

Refinería de Pemex "18 de marzo" cerrada por contaminar (1991).

## PARA SABER MÁS

Para profundizar en el tema, pregunta a tu profesor por este libro de la Biblioteca Escolar: Fedro Carlos Guillén Rodríguez, *Contaminación*, México, SEP-ADN Editores, 2001 (Libros del Rincón).

Hombres limpiando un río contaminado por petróleo en Villa Benito Juárez, Tabasco, octubre de 2006.

Juan José Arreola, escritor (1918-2001).

Octavio Paz, escritor (1914-1998).
Premio Nobel de Literatura 1990.

Carlos Fuentes Macías, escritor
(1928-2012).

> **Expresiones culturales.** Son las diferentes maneras y medios con que las personas, pueblos y grupos sociales manifiestan su particular modo de vida y sus ideas.

## Las expresiones culturales

Las **expresiones culturales** de nuestra sociedad se han multiplicado junto con los cambios que ha experimentado el país. Así, las tradiciones y costumbres de las ciudades y los centros urbanos se han extendido e influido en las comunidades y poblaciones rurales. Al mismo tiempo, éstas han mantenido y transformado su propia cultura.

Los medios de comunicación, como televisión, radio, cine, internet, revistas y periódicos han aumentado su influencia en la vida cotidiana de las personas. Asimismo, el contacto con culturas de otros países a través de estos medios permite conocer y asimilar otras tradiciones, además de compartir las nuestras con el resto del mundo.

Las manifestaciones artísticas que México ha aportado se han caracterizado por contar con una gran variedad de personajes, movimientos y corrientes que confirman nuestra riqueza cultural.

Influidas por el acontecer político, económico y social de nuestro país, la literatura, el cine, la plástica y la música han tenido su propia historia y desarrollo.

La literatura de las últimas décadas cuenta con diversidad de temáticas, estilos y géneros. Por ejemplo, desde la literatura de "la onda" de los setentas que mostraba temas urbanos y tenía tintes contestatarios, hasta la generación de la crisis de los últimos años. Entre los ensayistas, novelistas y poetas destacados de las últimas décadas se encuentran Juan José Arreola, Jaime Sabines, Rosario Castellanos, Carlos Fuentes, José Emilio Pacheco, Carlos Monsiváis, José Agustín, Elena Poniatowska, Juan Villoro, Ángeles Mastretta, Laura Esquivel, Elena Garro y Octavio Paz, que en 1990 se convirtió en el único mexicano que ha ganado el Premio Nobel de Literatura.

En el teatro destacaron escritores como: Emilio Carballido, Hugo Argüelles y Vicente Leñero; en la pintura y escultura, José Luis Cuevas, Juan Soriano y Francisco Toledo.

El cine pasó por periodos de escaso apoyo económico a un resurgimiento de calidad del "nuevo cine mexicano", que le ha permitido competir con la cinematografía mundial. Cineastas como Guillermo del Toro, Alejandro González Iñárritu y Alfonso Cuarón son reconocidos en el mundo.

La música amplió su oferta de propuestas, grupos e innovaciones de particular trascendencia para las nuevas generaciones han dado muestras de su adaptación a los tiempos actuales. Si en los años setenta, el rock tenía como uno de los principales exponentes al grupo

*Three Souls in my Mind* (hoy el Tri) de Álex Lora, en los últimos años surgieron grupos urbanos como Molotov, Café Tacuba o La Maldita Vecindad, entre otros. La música grupera o regional mexicana ha sido otro de los géneros musicales de mayor aceptación, mientras que la música pop y ritmos de otros lugares del mundo, como el hip-hop y los ritmos latinos, tienen cada vez más seguidores entre los jóvenes.

Como parte de la política para promover la educación artística, la cultura y la participación social, en 1988, se creó el Consejo Nacional para la Cultura y las Artes (Conaculta). Asimismo se han abierto espacios a la producción editorial y a la representación artística, como la Feria Internacional del Libro de Guadalajara, la Feria Internacional del Libro del Palacio de Minería en la ciudad de México y el Festival Internacional Cervantino, en Guanajuato.

José Emilio Pacheco, poeta (1939-2014).

Festividad indígena zoque.

Elena Poniatowska, escritora y periodista reconocida con el Premio Cervantes de Literatura.

Celebración del Día de Muertos.

Los Tigres del Norte.

# Temas para analizar y reflexionar

Terremoto de septiembre de 1985 (Tlatelolco, ciudad de México).

## La solidaridad de los mexicanos ante situaciones de desastre

La solidaridad, responsabilidad y compromiso social de los mexicanos se han manifestado en diversas situaciones. Los ciudadanos se han organizado de manera desinteresada para ofrecer ayuda a quien lo necesita. Lo hemos visto o vivido en las catástrofes naturales como inundaciones, terremotos y sequías.

La mañana del 19 de septiembre de 1985 un terremoto de 8.1 grados en la escala de Richter afectó las zonas centro, sur y occidente de México. La capital del país fue la más afectada.

Como consecuencia del terremoto, muchas construcciones sufrieron daños. Unidades habitacionales, hospitales, escuelas, centros de trabajo y hoteles se derrumbaron o sus estructuras sufrieron severos daños. Miles de personas quedaron sepultadas bajo los escombros.

La gente acudió de forma espontánea y con prontitud a ayudar a los afectados. Se organizaron brigadas para realizar actividades de rescate, remover escombros, donar sangre para los heridos,

Elementos del Ejército mexicano ayudando a remover los escombros de un edificio colapsado durante los sismos de septiembre de 1985.

aprovisionar los albergues y dar de comer a los voluntarios que buscaban sobrevivientes debajo de toneladas de escombros.

La población en general se movilizó y se mostró solidaria, ya que la gran mayoría buscó la forma de colaborar. Entre los escombros se rescató con vida a más de cuatro mil personas, entre los que se encontraban algunos bebés recién nacidos en el Hospital Juárez, conocidos como "los niños del milagro".

Con el sismo, el gobierno se dio cuenta de que no estábamos preparados para responder de manera informada y responsable ante situaciones de desastre. Debido a la participación ciudadana, el gobierno asumió una mayor responsabilidad en la tarea de proteger a la población en situaciones de emergencia.

En la actualidad existe un Sistema Nacional de Protección Civil que cada 19 de septiembre organiza simulacros en los que participan miles de ciudadanos y que recuerda la manera de reducir el número de víctimas fatales en caso de catástrofes naturales.

Además, ante situaciones de desastre extremo (huracanes, inundaciones, terremotos) el gobierno, por medio del ejército, apoya a la población a través del Plan de Auxilio a la Población Civil (Plan DN-III-E), a cargo de la Secretaría de la Defensa Nacional.

## INVESTIGO Y VALORO

Organizados en equipos busquen en internet, periódicos o con familiares y conocidos información acerca de algún desastre provocado por un fenómeno natural, que haya ocurrido en el lugar donde viven (sismos, inundaciones, huracanes, etcétera).

- Identifiquen cuáles fueron sus causas y consecuencias, qué respuesta hubo de la población o el gobierno o la comunidad internacional.
- Elaboren un tríptico o un cartel con la información recabada y propongan acciones a emprender en caso de una nueva emergencia.

La organización y movilización de la sociedad fue muy importante después del sismo de 1985.

Inundación de Villahermosa, Tabasco, en 2010.

## Los retos de la niñez mexicana

Con la entrada en vigor de la Convención sobre los Derechos de las Niñas y Niños en 1990, nuestro país se comprometió a garantizar diferentes normas en beneficio de la niñez mexicana. Entre estos derechos pueden mencionarse los siguientes:

- Ser protegido contra toda forma de abuso físico o mental (incluyendo maltrato, abuso y explotación sexual).
- Gozar de una alimentación nutritiva e higiénica.
- Disfrutar de descanso y esparcimiento, el juego y las actividades recreativas propias de su edad, así como a participar libremente en la vida cultural y en las artes.
- Acceso a la educación, la que estará encaminada a desarrollar la personalidad, las aptitudes y la capacidad mental y física del niño hasta el máximo de sus posibilidades.
- Ser protegido contra el uso ilícito de los estupefacientes y las sustancias sicotrópicas, así como a impedir que se utilice a niños en la producción y tráfico de estas sustancias.
- Ser protegido contra toda clase de explotación económica y contra el desempeño de cualquier trabajo que pueda ser peligroso o entorpecer su educación.

### PARA SABER MÁS

Para profundizar en el tema, entra al portal Primaria TIC, <http://basica.primariatic. sep.gob.mx>, y en el buscador anota Sin esperanzas de futuro, ¿por qué?

182

Escuela rural, Archivo General de la Nación.

Niños de una comunidad indígena en un barrio marginal de la ciudad de México, 2012.

Los retos que hoy día enfrenta la niñez mexicana obligan a asumir una serie de compromisos y obligaciones de todos aquellos que tienen un vínculo o relación con los niños, como la familia, los maestros, los amigos y los medios de comunicación.

Por ejemplo, uno de los retos que enfrenta el derecho a una alimentación nutritiva e higiénica es reducir el consumo de alimentos de bajo nivel nutricional.

En cuanto al derecho a ser protegidos contra el consumo de drogas, uno de los retos es mantener la vigilancia constante de las autoridades y los padres de familia para no exponerlos al consumo de sustancias ilícitas.

Como puedes ver, los derechos de los niños no están garantizados sólo porque existen, sino que es necesaria la participación de toda la sociedad. El reto es que todos los niños gocen de esos derechos y aprendan a ejercerlos plenamente.

## INVESTIGO Y VALORO

Organizados en equipos, elaboren una tabla con tres columnas. En la primera escriban cinco derechos de las niñas y niños. En la segunda, escriban lo que sugieren que se debe hacer para garantizar cada derecho, y en la tercera cuál es la responsabilidad que tú tienes con respecto a esos derechos.

■ Compartan sus respuestas con el profesor y los otros equipos.

■ Con todo el grupo reflexionen sobre los principales retos que se tienen que enfrentar para que estos derechos se respeten.

| Derechos y retos de la niñez | |
|---|---|
| **Derechos** | **Retos para que se respeten plenamente** |
| Alimentación nutritiva e higiénica | Que mis papás me preparen un refrigerio nutritivo. |
| | Que en la escuela se vendan alimentos nutritivos e higiénicos. |
| Ser protegido contra el consumo de estupefacientes | Que el director y los padres de familia estén pendientes de que no se vendan drogas cerca de la escuela. |
| | Que estemos más informados sobre los daños que ocasiona el consumo de drogas. |

La educación es el medio más adecuado para que todos tengan oportunidades de alcanzar mejores niveles de vida y así construir una nación fuerte y unida.

# Lo que aprendí

1. Completa la siguiente tabla. Recupera de tu cuaderno lo que escribiste en "Mi respuesta inicial" y lo que anotaste de nueva información en cada tema. ¿Tu respuesta inicial cambió a partir de lo que aprendiste? ¿Por qué?

| Pregunta detonadora de bloque | ¿Cómo han vivido las familias mexicanas los cambios de las últimas décadas? |
| --- | --- |
| Mi respuesta inicial | |
| Nueva información que obtuve al estudiar el bloque V | |
| Mi respuesta final | |

2. Completa el siguiente cuadro. Al terminar, reflexiona acerca de lo que estudiaste en el bloque. Coméntalo con tu maestro y el grupo.

| Marca con una "X" tu nivel de desempeño durante el bloque | | Excelente | | Regular | | Requiero esforzarme más |
|---|---|---|---|---|---|---|

**Escribe: ¿Qué necesitarías para mejorar tu desempeño?**

_____

_____

_____

_____

_____

_____

_____

_____

_____

_____

# Evaluación

Lee las siguientes preguntas y subraya la respuesta correcta.

1. Es el sector de la economía mexicana que recibe menos atención del gobierno.

   a) Industrial.

   b) Agropecuario.

   c) Servicios.

2. Son los países con quienes México firmó el tratado comercial más importante.

   a) Estados Unidos e Inglaterra.

   b) Estados Unidos y Australia.

   c) Estados Unidos y Canadá.

3. La alternancia en el poder significa que:

   a) Un solo partido político gobierna el país.

   b) México es gobernado sólo por los partidos de oposición.

   c) Son varios partidos los que ganan el derecho legítimo de gobernar el país.

4. Son las formas y los medios con que las personas manifiestan sus ideas y modo de vida.

a) Cultura de masas.

b) Identidad cultural

c) Expresiones culturales.

5. La desaparición de flora y fauna, así como la contaminación de recursos naturales, son consecuencia de:

a) El desarrollo industrial.

b) Los desastres naturales.

c) Los medios de comunicación

6. A partir de la línea del tiempo de este bloque señala los acontecimientos importantes de tu historia o de tu familia, por ejemplo: cuándo se mudaron, el año que naciste, cuándo entraste a la primaria, o algún otro hecho que consideres especial. Pregunta a tus familiares lo que recuerdan de este periodo. Coloca dibujos, recortes o fotografías de esos acontecimientos.

# Bibliografía

Águila M., Marcos, y Alberto Enríquez Perea, eds., *Perspectivas sobre el cardenismo, ensayos sobre economía, trabajo, política, cultura en los años treinta*, México, Universidad Autónoma Metropolitana, 1996.

Aguilar Camín, Héctor, y Lorenzo Meyer, *A la sombra de la Revolución mexicana*, México, Cal y Arena, 1989.

Aguilar Rivera, José Antonio, *El mundo liberal: los poderes de emergencia en México, 1821-1876*, México, UNAM, 2001.

Arenal Fenochio, Jaime del, *Un modo de ser libres*, Zamora, El Colegio de Michoacán, 2002.

Ávila, Alfredo, *En nombre de la nación. La formación del gobierno representativo en México (1808-1824)*, México, Taurus-Centro de Investigación y Docencia Económicas, 2002.

Barrón, Luis, *Historias de la Revolución mexicana*, México, Centro de Investigación y Docencia Económicas-FCE, 2004.

Bazant, Jean, *Historia de la deuda exterior de México, 1823-1946*, México, El Colegio de México, 1995.

Cárdenas, Enrique, *La política económica en México: 1950-1994*, México, El Colegio de México-FCE, 1996.

____, *Cuando se originó el atraso económico de México. La economía mexicana en el largo siglo XIX: 1780-1920*, Madrid, Biblioteca Nueva, Instituto Ortega y Gasset, 2003.

Córdova, Arnaldo, *La política de masas en el cardenismo*, México, Era, 1974.

Cosío Villegas, Daniel, coord., *Historia general de México*; México, El Colegio de México, 2000.

Chust, Manuel, "El rey para el pueblo, la Constitución para la Nación", en Víctor Mínguez y Manuel Chust, eds., *El imperio sublevado: monarquía y naciones en España e Hispanoamérica*, Madrid, Consejo Superior de Investigaciones Científicas, 2004.

____, "Legitimidad, representación y soberanía: del doceañismo monárquico al republicanismo federal mexicano", en Brian Connaughton, coord., *Poder y legitimidad en México en el siglo XIX. Instituciones y cultura política*, México, Universidad Autónoma Metropolitana/Iztapalapa-Miguel Ángel Porrúa, 2003.

Florescano, Enrique, *Etnia, Estado y nación. Ensayos sobre las identidades colectivas en México*, México, Aguilar, 1997.

____ y Francisco Eissa, *Atlas histórico de México*, México, Aguilar, 2008.

García Canclini, Néstor et al., *La ciudad de los viajeros. Travesías e imaginarios urbanos: México, 1940-2000*, México, Universidad Autónoma Metropolitana-Grijalbo, 1996.

____, coord., *Cultura y comunicación en la ciudad de México*. Tomo I, México, Universidad Autónoma Metropolitana-Grijalbo, 1998.

González, Luis, *La ronda de las generaciones: los protagonistas de la Reforma y la Revolución mexicana*, México, SEP, 1984.

Güemes Pineda, Arturo, "La emergencia de los ayuntamientos constitucionales gaditanos y la sobrevivencia de los cabildos mayas yucatecos (1812-1821)", en Juan Ortiz Escamilla y José Antonio Serrano Ortega, eds., *Ayuntamientos y liberalismo gaditano en México*, Guadalajara, El Colegio de Michoacán-Universidad Veracruzana, 2007.

Guerra, François-Xavier, "La nación moderna: nueva legitimidad y viejas identidades", en *Tzintzun*, núm. 36, julio-diciembre de 2002.

Granillo Vázquez, Lilia, "Un corredor cultural trasatlántico: la prensa y el discurso de ambos mundos", en *Debate y Perspectivas*, núm. 3, 2003.

Haber, Stephen, *Industria y subdesarrollo: la industrialización de México, 1890-1940*, México, Alianza, 1992.

Illades, Carlos, "La representación del pueblo en el segundo romanticismo mexicano", en *Signos Históricos*, núm. 10, julio-diciembre, 2003.

*Imágenes y testimonios del 85. El despertar de la sociedad civil*. México, UNIOS-FP-UVID, 2000.

Katz, Friedrich, *La servidumbre agraria en México en la época porfiriana*, México, SEP, 1976 (Sep Setentas).

Krauze, Enrique, *México siglo XX. Los sexenios de Lázaro Cárdenas, Ávila Camacho, Miguel Alemán, Ruiz Cortines*, México, Banamex, 1999.

____, *Lázaro Cárdenas: general misionero*, México, FCE, 1991 (Biografía del poder, 8).

Kuntz Ficker, Sandra y Paolo Riguzzi, *Ferrocarriles y vida económica en México, 1850-1950. Del surgimiento tardío al decaimiento precoz*, México, El Colegio Mexiquense-Universidad Autónoma Metropolitana/Ferrocarriles Nacionales de México, 1996.

*La expropiación del petróleo 1936-1938*, México, Pemex, 1981.

Macías, Carlos, pról., sel. y notas, *Plutarco Elías Calles. Pensamiento político y social. Antología (1913-1936)*, México, SEP-Fideicomiso Archivos Plutarco Elías Calles y Fernando Torreblanca-FCE, 1992.

Mallon, Florencia E., *Campesino y nación. La construcción de México y Perú poscoloniales*, México, CIESAS, El Colegio de San Luis, El Colegio de Michoacán, 2003.

Menegus, Margarita, *Los indios en la historia de México*, México, Centro de Investigación y Docencia Económicas-FCE, 2006.

Meyer, Jean, *La Cristiada*, México, Siglo XXI, 1973.

Méndez M., Silvestre, *Problemas económicos de México*, México, McGraw-Hill, 1994.

*Mirada y memoria. Archivo fotográfico Casasola. México: 1900-1940*, México, Océano-Turner-Instituto Nacional de Antropología e Historia, 2002.

Nickel, Herbert J., *El peonaje en las haciendas mexicanas. Interpretaciones, fuentes, hallazgos*, México-Friburgo, Universidad Iberoamericana-Arnold Bergstraesser Institut, 1997.

*Nuevo atlas nacional de México*. México, UNAM, 2007.

Ouweneel, Arij, *Ciclos interrumpidos. Ensayos sobre historia rural mexicana: siglos XVIII-XIX*, México, El Colegio Mexiquense, 1998.

Palti, Elías José, "Introducción", en Elías José Palti, *La política del disenso. La 'polémica en torno al monarquismo' (México, 1848-1850)… y las aporías del liberalismo*, México, FCE, 1998.

Pani, Érika, *Para mexicanizar el Segundo Imperio. El imaginario político de los imperialistas*, México, El Colegio de México-Instituto Mora, 2001.

Pérez Vejo, Tomás, "La invención de una nación: la imagen de México en la prensa ilustrada de la primera mitad del siglo XIX (1830-1855)", en Laura Beatriz Suárez de la Torre, coord., y Miguel Ángel Castro, ed., *Empresa y cultura en tinta y papel (1800-1860)*, México, Instituto Mora, 2001.

*Proceso*, edición especial, 1 de octubre de 1998.

Reina, Leticia, *Las rebeliones campesinas en México: 1819-1906*, México, Siglo XXI, 1984.

*Representación histórica de la cultura. Mural de Juan O'Gorman en la Biblioteca Central*, México, UNAM, 2003.

Rodríguez O., Jaime, "Una cultura política compartida: los orígenes del constitucionalismo y liberalismo en México", en Víctor Mínguez y Manuel Chust, eds., *El imperio sublevado: monarquía y naciones en España y Hispanoamérica*, Madrid, Consejo Superior de Investigaciones Científicas, 2004.

Tenorio Trillo, Mauricio y Aurora Gómez Galvarriato, *El Porfiriato*, México, Centro de Investigación y Docencia Económicas-FCE, 2006.

Timothy, Anna, *El imperio de Iturbide*, México, Consejo Nacional para la Cultura y las Artes-Alianza, 1991.

Thomson, Guy P.C., "Los indios y el servicio militar en el México decimonónico: ¿leva o ciudadanía?", en Antonio Escobar, coord., *Indio, nación y comunidad en el México del siglo XIX*, México, CEMCA-CIESAS, 1993.

____, "Pueblos de Indios and Pueblos de Ciudadanos: Constitutional Bilingualism in 19th Century Mexico", en *Bulletin of Latin American Research*, vol. 18, núm. 1, 1999.

Tella, Torcuato di, *Política nacional y popular en México, 1820-1847*, México, FCE, 1994.

Tutino, John, *De la insurrección a la revolución en México. Las bases sociales de la violencia agraria, 1750-1940*, México, Era, 1990.

Vázquez, Josefina Zoraida, *Una historia de México*. México, SEP-Patria, 1995.

Villegas Moreno, Gloria, *México: liberalismo y modernidad 1876-1917. Voces, rostros y alegorías*, México, Fomento Cultural Banamex, 2003.

Villoro, Luis, "La cultura mexicana de 1910 a 1960", en *Historia Mexicana*, vol. X, núm. 2, 1960.

# Créditos iconográficos

**pp. 10-11:** *Solemne y pacífica entrada del Ejército de las Tres Garantías a la ciudad de México el 27 de septiembre del memorable año de 1821*, anónimo, óleo sobre tela, 98 × 134 cm, Museo Nacional de Historia*; **p. 13:** *Salteador de diligencias*, 1831-1833, Juan Mauricio Rugendas (1802-1858), óleo sobre tela, 51.7 × 44.5 cm, Museo Nacional de Historia*; **p. 14:** (arr.) *Constitución de 1824*, Archivo General de la Nación; (ab.) *Solemne y pacífica entrada del Ejército de las Tres Garantías a la ciudad de México el 27 de septiembre del memorable año de 1821*, 1821, anónimo, óleo sobre tela, 98 × 134 cm, Museo Nacional de Historia*; **p. 15:** (de izq. a der.) *Toma del fuerte de San Juan de Ulúa*, noviembre de 1838, anónimo, grabado en metal coloreado, 24 × 33.5 cm, Museo de Arte del Estado de Veracruz, Instituto Veracruzano de la Cultura del Gobierno del Estado de Veracruz; Angela Peralta, *ca.* 1865, ©451689**; *Entrada del general Scott a México*, en Carl Nebel (1805-1855), *Viajes arqueológicos y paisajísticos en la parte más interesante de México*, 50 planchas litografiadas a mano con texto explicativo, París. En M. Moench, impresas por Paul Renouard, 1836; **p. 16:** (izq.) *La Coronación de Iturbide*, *ca.* 1822, anónimo, acuarela sobre seda, Museo Nacional de Historia*; (der.) arrieros, en Carl Nebel (1805-1855). *Viajes arqueológicos y paisajísticos en la parte más interesante de México*, 50 planchas litografiadas a mano con texto explicativo, París. En M. Moench, impresas por Paul Renouard, 1836; **p. 17:** (izq.) *La caída del Álamo*, *ca.* 1901, Robert Jemkins Onderdonk (1852-1917), aceite y lapis sobre cartón, 23.4 × 31.1 cm, Museo de Arte de Dallas; (der.) *Tormenta de Chapultepec*, Pillow, en Carl Nebel (1805-1855). *Viajes arqueológicos y paisajísticos en la parte más interesante de México*, 50 planchas litografiadas a mano con texto explicativo, París. En M. Moench, impresas por Paul Renouard, 1836; **p. 18:** *Vista de la mina de Veta Grande, cerca de Zacatecas*, en Carl Nebel (1805-1855).

*Viajes arqueológicos y paisajísticos en la parte más interesante de México*, 50 planchas litografiadas a mano con texto explicativo, París. En M. Moench, impresas por Paul Renouard, 1836; **p. 21:** (izq.) *Bandera del Imperio de Agustín de Iturbide*, *ca.* 1822-1823, raso de seda, 85 × 81 cm, Museo Nacional de Historia*; (der.) *Vicente Guerrero*, 1850, Anacleto Escutia, óleo sobre tela, 105 × 84 cm, Museo Nacional de Historia*; **p. 23:** *Constitución Federal sancionada de 1824*, Archivo General de la Nación; **p. 25:** *Las últimas fuerzas españolas evacuando con honor el Castillo de San Juan de Ulúa*, 1915, José Clemente Orozco (1883-1949), óleo sobre tela, 211 × 127 cm, Museo Histórico Naval de la Ciudad de México, reproducción autorizada por el Instituto Nacional de Bellas Artes y Literatura, 2014; **p. 26:** *Guadalupe Victoria*, 1825, anónimo, óleo sobre tela, 195 × 105 cm, Museo Nacional de Historia*; **p. 28:** *Colonización de Texas*, *ca.* 1830, aguatinta, 23.2 × 34.1 cm, Biblioteca del Congreso de Estados Unidos; **p. 29:** *Bombardeo a Veracruz*, en Carl Nebel (1805-1855), *Viajes arqueológicos y paisajísticos en la parte más interesante de México*, 50 planchas litografiadas a mano con texto explicativo, París. En M. Moench, impresas por Paul Renouard, 1836; **p. 30:** *Batalla de Molino del Rey*, en Carl Nebel (1805-1855). *Viajes arqueológicos y paisajísticos en la parte más interesante de México*, 50 planchas litografiadas a mano con texto explicativo, París. En M. Moench, impresas por Paul Renouard, 1836; **p. 31:** *Entrada del general Scott a México*, en Carl Nebel (1805-1855), *Viajes arqueológicos y paisajísticos en la parte más interesante de México*, 50 planchas litografiadas a mano con texto explicativo, París. En M. Moench, impresas por Paul Renouard, 1836; **p. 32:** *Carta etnográfica II* (detalle), en Antonio García Cubas (1832-1912), *Atlas pintoresco e histórico de los Estados Unidos Mexicanos*, Debray Sucesores, México, 1885; **p. 33:** (arr.) *Escena popular de*

*Mercado (Dama)*, José Agustín Arrieta (1803-1874), óleo sobre tela, 75 × 93 cm, Colección Banco Nacional de México; (ab.) *Las tortilleras*, en Carl Nebel (1805-1855), *Viajes arqueológicos y paisajísticos en la parte más interesante de México*, 50 planchas litográfiadas a mano con texto explicativo, París. En M. Moench, impresas por Paul Renouard, 1836; **p. 34:** *Toma del fuerte de San Juan de Ulúa*, noviembre de 1838, anónimo, grabado en metal coloreado, 24 × 33.5 cm, Museo de Arte del Estado de Veracruz, Instituto Veracruzano de la Cultura del Gobierno del Estado de Veracruz; **p. 35:** *Asalto a una diligencia*, siglo XIX, Manuel Serrano (*ca.* 1830-1869), óleo sobre tela, 51.5 × 59 cm, Museo Nacional de Historia*; **pp. 42-43:** *La reforma y la caída del Imperio*, 1948, José Clemente Orozco (1883-1949), fresco sobre aparejo, 395 x 650 cm, Museo Nacional de Historia*; **p. 45:** *Palacio Nacional de México, entrada del Ejército Federal el 1 de enero de 1861*, litografía de Casimiro Castro en Álbum México y sus alrededores; **p. 46:** (de izq. a der.) *Constitución de 1857,* Imprenta de Ignacio Cumplido, 1857, Acervos Históricos de la Biblioteca Francisco Xavier Clavijero, Universidad Iberoamericana A.C., *La reforma y la caída del Imperio*, 1948, José Clemente Orozco (1883-1949), fresco sobre aparejo, 395 x 650 cm, Museo Nacional de Historia*; *Batalla del 5 de mayo de 1862*, 1903, José Cusachs (1851-1908), óleo sobre tela, 403 × 544 cm, Museo Nacional de Historia*; **p. 47:** (arr.) *Alegoría de la Constitución de 1857*, 1869, Petronilo Monroy (-1882), óleo sobre tela, 270 × 168 cm, Recinto Parlamentario de Palacio Nacional, Conservaduría de Palacio Nacional, Colección de la Presidencia de la República; (de arr. hacia ab.) *Retrato de Porfirio Díaz*, 1906, J. Cusachs, óleo sobre tela, 367 x 340 cm; fotografía de Raúl Barajas/Archivo iconográfico DGMIE-SEP, Museo Nacional de Historia*; *Orizaba (desde el puente de Paso del Toro)*, lámina XIV, en Álbum del Ferrocarril Mexicano. Colección de vistas pintadas del natural por Casimiro Castro, y ejecutadas en cromo-litografía por A. Sigogne, C. Castro, etc. México 1877; Sebastián Lerdo de Tejada, autor desconocido, siglo XIX, óleo sobre tela, Museo Nacional de Historia*; **p. 48:** (der.) *Constitución de 1857,* Imprenta de Ignacio Cumplido, 1857, Acervos Históricos de la Biblioteca Francisco Xavier Clavijero, Universidad Iberoamericana A.C.; (izq.) *Soldados de la Reforma en una venta*, 1858, Primitivo Miranda (1822-1897), óleo sobre tela, 58.5 × 73 cm, Museo Nacional de las Intervenciones*; **p. 49:** (izq.) *Visita de la Emperatriz Elisabeth al Castillo de Miramar*, 1863, Cesare Dell' Acqua (1821-1905), óleo sobre tela, 125 x 184 cm, Museo Histórico del Castillo de Miramar; (der.) *Orizaba (desde el puente de Paso del Toro)*, lámina XIV, en Album del Ferrocarril Mexicano. Colección de vistas pintadas del natural por Casimiro Castro, y ejecutadas en cromo-litografía por A. Sigogne, C. Castro, etc. México 1877; **p. 50:** (arr.) *Alamán y Escalada Lucas*, 1959, J. Lauro Carrillo, óleo sobre tela, Museo Nacional de Historia*; (ab.) José María Luis Mora (1794-1850), ©181831**; **p. 52:** (der.) *Retrato de Juan Álvarez*, s. XX, Moscoso, miniatura, óleo, 13 x 11 cm, Museo Regional Michoacano «Dr. Nicolás León Calderón»*; (der.) Retrato de Ignacio Comonfort, siglo XIX, reproducción de Cayetano Izquierdo, tarjeta de visita, Colección Particular; **p. 53:** *Plan de Ayutla* (copia de época), Exp. XI/481.3/4584, ff. 5v, 6, AHSEDENA; **p. 55:** *Constitución de 1857,* Imprenta de Ignacio Cumplido, 1857, Acervos Históricos de la Biblioteca Francisco Xavier Clavijero, Universidad Iberoamericana A.C.; **p. 57:** *Soldados de la Reforma en una venta*, 1858, Primitivo Miranda (1822-1897), óleo sobre tela, 58.5 × 73 cm, Museo Nacional de las Intervenciones*; **p. 58:** Puerto de Tampico, Vías de comunicación y movimiento marítimo IV, en *Atlas pintoresco e histórico de los Estados Unidos Mexicanos*, Debray Sucesores, México, 1885; **p. 59:** *Batalla de Puebla 5 de mayo de 1862*, siglo XIX, Patricio Ramos Ortega, óleo sobre tela, 147 x 198, Museo Nacional de Historia*; **p. 60:** *Ejecución del emperador Maximiliano de México*, 1868, Edouard Manet (1832-1883), óleo sobre tela, 252 × 305 cm, Galería Nacional de Londres, Inglaterra; **p. 61:** *Entrada de Benito Juárez a la Ciudad de México el 15 de julio de 1867*, *ca.* 1945, Alberto Beltrán (1923-2002), grabado, 57.2 × 44.3 cm, fotografía de Jorge González/Archivo iconográfico DGMIE-SEP, Recinto de Homenaje a don Benito Juárez, Secretaría de Hacienda y Crédito Público, Oficialía Mayor, Dirección General de Promoción Cultural Obra Pública y Acervo Patrimonial; **p. 62:** (arr.) Juárez Benito, 1862, Pelegrín Clavé, óleo sobre tela, Museo Nacional de Historia*; (ab.) *Liberales*, Recinto de Homenaje a Don Benito Juárez, Secretaría de Hacienda y Crédito Público, Oficialía Mayor, Dirección General de Promoción Cultural Obra Pública y Acervo Patrimonial; **p. 63:** Ignacio Manuel Altamirano (1834-1893), 1870, Santiago Rebull, óleo sobre tela, Museo Nacional de Historia*; **p. 64:** *Himno Nacional Mexicano*, Archivo iconográfico DGMIE-SEP; **p. 65:** (arr.) *Retrato de familia*, sin fecha, Hermenegildo Bustos (1832-1907), óleo sobre tela, 27.6 x 37.5 cm, Museo del Pueblo de Guanajuato/Instituto Estatal de la Cultura; (centro) *La muerte de Bernardina Madrueño*, 1852, anónimo, óleo sobre tela, 105.2 x 162.2 cm, Museo Nacional de Arte, Reproducción autorizada por el Instituto Nacional de Bellas Artes y Literatura 2014; (ab.) Valle de México desde el cerro de Santa Isabel, siglo XIX, José María Velasco (1840-1912), óleo sobre tela, 157.5 x 226 cm, Museo Nacional de Arte, reproducción autorizada por el Instituto Nacional de Bellas Artes y Literatura 2014; **p. 66:** *Batalla del 5 de mayo de 1862*, 1903, José Cusachs (1851-1908), óleo sobre tela, 403 × 544 cm, Museo Nacional de Historia*; **p. 68:** *Batalla del 5 de mayo de 1862*, 1870, anónimo, óleo sobre tela, 177 x 214 cm, Museo Nacional de las Intervenciones*; **p. 69:** "*No os aflijáis amigos míos: yo repararé el mal que he hecho, borrando del almanaque el 5 de Mayo*", litografía de Constantino Escalante en *La Orquesta*, 31 de mayo de 1862, Colecciones Carlos Monsiváis, Museo del Estanquillo; (ab.) Periódico El Siglo Diez y Nueve, 11 de mayo de 1862, fotografía de Irene León Coxtinica, Biblioteca Miguel Lerdo de Tejada, Secretaría de Hacienda y Crédito Público, Oficialía Mayor, Dirección General de Promoción Cultural Obra Pública y Acervo Patrimonial; **pp. 74-75:** *Del porfirismo a la Revolución*, 1957-1966, David Alfaro Siqueiros (1896-1974), mural, acrílico y piroxilina sobre madera forrada en tela, reproducción autorizada por el Instituto Nacional de Bellas Artes y Literatura 2014, Museo Nacional de Historia*; **p. 77:** *Retrato de Porfirio Díaz*, 1906, J. Cusachs, óleo sobre tela, 367 x 340 cm; fotografía de Raúl Barajas/Archivo iconográfico DGMIE-SEP, Museo Nacional de Historia*; **p. 78:** (de izq. a der.) Porfirio Díaz, *ca.* 1870, óleos obre tela, Museo Nacional de Historia*; *Estación del ferrocarril mexicano*, 1860, Luis Coto (1830-1891), óleo sobre tela, 55 × 71 cm, Museo Nacional de Historia*; Observatorio Nacional de Tacubaya, ©201579**; *Cartel del cinematógrafo Lumière*, 1896, © Latinstock México; **p. 79:** (arr. izq.) *Obreras en Río Blanco*, *ca.* 1906, © 355639**; (arr. der.) *Sufragio efectivo, no reelección*, 1968, Juan O' Gorman (1905-1982), fresco, 4.50 x 6.50 m, Museo Nacional de Historia*; (ab. izq.) *Emiliano Zapata*, ©63464**; (ab. der.) Invasión estadunidense en 1914 al puerto de Veracruz en José Pérez León, *Historia gráfica de la invasión americana: Veracruz 1914*, Enriquez-Xalapa, Gobierno del Estado de Veracruz, 1980; **p. 80:** (izq.) *A rey muerto, príncipe coronado*, en *La Orquesta*, tomo 1, núm. 14, 9 de mayo de 1877, Hemeroteca Nacional de México/Universidad Nacional Autónoma de México; (ab. der.) *Obreras en Río Blanco*, *ca.* 1906, © 355639**; **p. 81:** (izq.) *Hacienda henequenera*, Yucatán, Archivo General de la Nación; (der.) *Constitución Política de los Estados Unidos Mexicanos 1917*, Archivo General de la Nación; **p. 82:** (arr.) Juárez Benito, autor desconocido, siglo XIX, óleo sobre tela, Museo Nacional de Historia*; (ab.) Sebastián Lerdo de Tejada, autor desconocido, siglo XIX, óleo sobre tela, Museo Nacional de Historia*; **p. 83:** *La aurora de la libertad*, José María Villasana, litografía a plumilla, en *El Ahuizote*, tomo III, núm. 1, 1 de diciembre de 1876, Hemeroteca Nacional de México/Universidad Nacional Autónoma de México; **p. 84:** (izq.) *A rey muerto, príncipe coronado*, en *La Orquesta*, tomo 1, núm. 14, 9 de mayo de 1877, Hemeroteca Nacional de México/Universidad Nacional Autónoma de México; (der.) *Una ofrenda a Porfiriopoxtli*, caricatura, Jesús Martínez Carreón en *El Hijo del Ahuizote*, 29 de abril de 1900, Hemeroteca Nacional de México/Universidad Nacional Autónoma de México; **p. 85:** *La torre de Babel* en *La Orquesta*, tomo 1, núm. 7, 24 de marzo de 1877, Hemeroteca Nacional de México/Universidad Nacional Autónoma de México; **p. 86:** *Mineros saliendo de una mina*, *ca.* 1955, © 202780**; **p. 87:** *Fábrica en la ciudad de Orizaba*, *ca.* 1945, © 194803**; **p. 89:** anuncio de la inauguración del tranvía eléctrico, 1900, José Guadalupe Posada (1852-1913), grabado; (ab.) ferrocarriles pasan por la ciudad de Jalisco, *ca.* 1905, ©31858**; **p. 90:** (izq.) Escena de la primera película filmada en México (*El Presidente de la República paseando a caballo en el Bosque de Chapultepec*, 1896), por los representantes de los Lumière, Claude Ferdinand Bon Bernard y Gabriel Veyre, Filmoteca de la UNAM; (der.) de izquierda a derecha: Gerónimo Treviño, persona no identificada, Porfirio Díaz Ortega, Rosendo Pineda, Francisco Z. Mena, Porfirio Díaz, Lorenzo Elízaga, Manuel González Cosío, persona no identificada, Bernardo Reyes, c.a 1900, CA-INBA (Capilla Alfonsina del Instituto Nacional de Bellas Artes); **p. 91**: (arr.) Gente en la platea de un hipódromo, *ca.* 1910, ©202642**; (ab.) *Obreras en Río Blanco*, *ca.* 1906, © 355639**; **p. 92:** (ab. der.) Algo de lo que pasa en las haciendas…, José Guadalupe Posada (1852-1913), grabado; (ab.) *Hacienda henequenera*, Yucatán, Archivo General de la Nación; **p. 94:** *Regeneración* (portada) tomo 1, núm. 1, 7 de agosto de 1900; **p. 95:** (arr.) *Francisco I. Madero*, Fondo Histórico Francisco I. Madero, Secretaría de Hacienda y Crédito Público, Oficialía Mayor, Dirección General de Promoción Cultural Obra Pública y Acervo Patrimonial; (ab.) *Sufragio efectivo, no reelección*, 1968, Juan O' Gorman (1905-1982), fresco, 4.50 x 6.50 m, Museo Nacional de Historia*; **p. 96:** (arr.) *Carmen Serdán* (1875-1948), *ca.* 1900, © 66712**; (ab.) *El general Aurelio Blanquet aprehende al presidente Madero y al vice-presidente Pino Suárez* (18 de feb) 1914-25, F. Dené, óleo sobre cartón, Serie Decena Trágica (5)10-106927, Museo Nacional de Historia*; **p. 97:** (arr) *Emiliano Zapata*, ©63464**; (ab.) *Francisco Villa con miembros de su ejército*, *ca.* 1910-1915, Biblioteca del Congreso de Estados Unidos; **p. 98:** (arr. izq.) Victoriano Huerta, 1913, ©66593***; (arr. der.) *Niño soldado con tambor*, *ca.* 1914, © 6308**; (centro) Venustiano Carranza, 1918, Museo Nacional de Historia*; **p. 99:** (arr.) *Plan de Ayala*, 25 de noviembre de 1911, Centro de Estudios de Historia de México Carso, fondo CMLXXXV, Biblioteca Digital Mundial; (ab.) primera plana de *El Constitucionalista,* 9 de enero de 1915, en, núm. 5, Archivo General de la Nación; **p. 100:** *Constitución Política de los Estados Unidos Mexicanos de 1917*, Archivo General de la Nación; **p. 101:** *La maestra rural*, 1923, Diego Rivera (1886-1957), fresco, 428 x 327 m, Subdirección de Edificios Históricos de la Secretaría de Educación Pública, D.R. ©2014 Banco de México fiduciario en el Fideicomiso relativo a los Museos Diego Rivera y Frida Kahlo, Av. Cinco de Mayo 2, Col. Centro, Del. Cuauhtémoc, 06059, México, D. F., reproducción autorizada por el Instituto Nacional de Bellas Artes y Literatura, 2014; **p. 103:** público en las tribunas del Hipódromo de la Condesa, *ca.* 1905, © 112053**; **p. 104:** ciclistas del club Centenario, retrato de grupo, *ca.* 1905, ©114043**; **p. 105:** anuncio publicitario de el Palacio de Hierrro, S. A., mostrando moda femenina y corsetería, 1904-1905, ©164066**; **p. 106:** (arr.) *Pareja de indígenas junto a muro de adobe*, *ca.* 1906, Oaxaca, © 122212**; (ab.) *Interior de hacienda henequenera*, Yucatán, Archivo General de la Nación, Ranchos y Haciendas; **p. 107:** hombres cortan caña de azúcar, *ca.* 1964, ©380952**; **pp. 110-111:** *Aguascalientes en la historia* (detalle), 1961, Oswaldo Barra Cunningham (1922-1999), fresco, Palacio de Gobierno de Aguascalientes, © Latinstock México; **p. 113:** mujer sintonizando la radio, *ca.* 1945, ©98435**; **p. 114:** (izq.) Secretaría de Educación Pública en la calle República de Brasil, siglo XIX, ©125022**; (centro) familia cristera, IISUE/AHUNAM/fondo Aurelio Robles

Acevedo/Cristeros en Michoacán/ARA-0786; (der.) escultura del IMSS, 2011, fotografía de Enrique Martínez Horta/Archivo iconográfico DGMIE-SEP; **p. 115:** (izq.) mujer deposita su voto durante una elección presidencial, 1958, © 385894**; (centro) *Mitin frente al edificio de rectoría de la UNAM*, 1968, IISUE/AHUNAM/Colección Universidad/Sección Movimientos estudiantiles/CU-4626-04; **p. 116:** (arr.) *Adolfo de la Huerta y su escolta de ferrocarrileros, retrato*, 1924, Tabasco, © 43241**; (ab.) *La edad de la máquina*, 1943, Fernando Leal (1896-1964), mural al fresco, 3.50 x 9.90 m, Estación de Ferrocarriles Nacionales de México, San Luis Potosí*; **p. 117** (arr. izq.) gente que espera en una línea de pan, 1930, © Latinstock México; (arr. der.) migración, Archivo General de la Nación, fondo Hermanos Mayo, concentrados 2534; (ab. izq.) Lázaro Cárdenas acompañado de Tomás Garrido Canabal durante su gira política por Tabasco, 1933, ©47164**;(ab. der.) detenidos durante la ocupación de Ciudad Universitaria, IISUE/AHUNAM/Colección Universidad/Sección Movimientos estudiantiles; **p. 118:** *Álvaro Obregón con su familia*, siglo XX, © Latinstock México; **p. 119** varios juguetes en un mostrador, 1915-1920, © 163306**; **p. 120:** Plutarco Elias Calles, Archivo General de la Nación, fondo Díaz Delgado y García; **p. 121:** tropas cristeras rezando en Los Altos, Jalisco, 1926-1929, © 45721**; **p. 122:** Familia cristera, IISUE/AHUNAM/fondo Aurelio Robles Acevedo/Cristeros en Michoacán/ARA-0786; **p. 123:** miembros del Comité del Partido Nacional Revolucionario, *ca.* 1929, ©72990**; **p. 124:** manifestación de comunistas con manta en la Ciudad de México, 15 de enero de 1935, © Latinstock México; **p. 125:** campaña de salud, *ca.* 1936, Archivo de Editorial Clío; **p. 126:** tranvía eléctrico, 1930, Museo del Tranvía, Servicio de Transportes Eléctricos del D. F., Organismo Público Descentralizado del Gobierno del Distrito Federal; **p. 127:** gente que espera en una línea de pan, 1930, © Latinstock México; **p. 128:** portada del periódico Excélsior, 19 de marzo de 1938, Archivo iconográfico DGMIE-SEP; **p. 129:** (arr.) Lázaro Cárdenas realiza el anuncio del decreto sobre la Expropiación Petroléra, 18 de marzo de 1938, © 50838. ; (ab.) campesinos entregan gallinas como donativo para el pago de la deuda petrolera, 1938, ©33682**; **p. 130:** pilotos del Escuadrón 201 que participaron en la Segunda Guerra Mundial, Fuerza Aérea de los Estados Unidos Mexicanos; **p. 131:** (arr.) Manuel Ávila Camacho condecorando a un soldado durante el festival del Escuadrón 201 en el Estadio Nacional, 1945, © 183243; (ab.) noticia sobre la Segunda Guerra Mundial en *El Universal Gráfico*, 28 de mayo de 1942, Biblioteca Miguel Lerdo de Tejada, Secretaría de Hacienda y Crédito Público, Oficialía Mayor, Dirección General de Promoción Cultural Obra Pública y Acervo Patrimonial; **p. 132:** (arr.) *Nativos de México* en *An Outline of Christianity, The Story of our Civilization*, vol. 5: Christianity Today and Tomorrow, RG Parsons and Arthur S. Peake, published by the Waverley Book Co., London, 1926, © Photo Stock; (ab.) campesinos, *ca.* 1950, © Other Images; **p. 133:** *Dotación de ejidos*, 1923-1924, Diego Rivera (1886-1957), fresco, planta baja del edificio sede de la SEP, D.R. ©2014 Banco de México, fiduciario en el Fideicomiso relativo a los Museos Diego Rivera y Frida Kahlo, Av. Cinco de Mayo No. 2, Col. Centro, Del. Cuauhtémoc, C.P. 06059, México, D.F., reproducción autorizada por el Instituto Nacional de Bellas Artes y Literatura, 2014; **p. 134:** (arr.) mujeres con mantas y pancartas en apoyo a la marcha Caravana del hambre, 1951, © 224212**; (ab.) manifestantes por una calle de la ciudad, *ca.* 1952, © 78467**; **p. 135:** (arr.) manifestación de ferrocarrileros en contra de Margarito Ramírez, *ca.* 1952, ©78464**; (ab.) trabajadores en huelga frente al edificio de Luz y Fuerza, *ca.* 1945-1950, ©78522**; **p. 136:** multitud celebrando la independencia económica, 1939, México, © Latinstock México; **p. 137:** (arr.) escultura del IMSS, 2011, fotografía de Enrique Martínez Horta/Archivo iconográfico DGMIE-SEP; (ab.) médicos, *ca.* 1930, Biblioteca de las Revoluciones de México del INEHRM, Archivo Fotográfico del INEHRM; **p. 138:** (izq.) niños convaleciendo en el Hospital Infantil, *ca.* 1930, Biblioteca de las Revoluciones de México del INEHRM, Archivo Fotográfico del INEHRM; (der.) campesinos caminando por la explanada de la Basílica de Guadalupe, *ca.* 1945, ©93854**; **p. 140:** mujer deposita su voto durante una elección presidencial, 1958, © 385894**; **p. 142:** puesto de periódicos, Archivo General de la Nación, fondo Hermanos Mayo; **p. 143:** gente en la entrada de la carpa Bombay, *ca.* 1952, © 375441**; **p. 144:** (arr.) Germán Valdés, primer plano cuerpo y rostro sonriendo de frente con las manos cruzadas, *ca.* 1950, © 329523**; (ab.) Emilio Fernández, Pedro Armendariz y Fernándo Fernández sentados en una cama durante un descanso, 1945-1950, ©279595**; **p. 145:** (arr.) Luis G. Basurto y Xavier Villaurrutia con algunas damas en programa de radio, *ca.* 1938, Archivo General de la Nación, (ab.) Familia observa un programa de televisión, 1960-1965, © 379200**; **p. 146:** salón de clase, *ca.* 1920, IISUE/AHUNAM/fondo Ezquiel A. Chávez/EACh306; **p. 147:** (centro) niños que leen sentados en una mesa dentro de una biblioteca, *ca.* 1920, © 5160**; (ab.) hermanos rumbo a la escuela, *ca.* 1950, Biblioteca de las Revoluciones de México del INEHRM, Archivo Fotográfico del INEHRM; **p. 148:** El presidente Lázaro Cárdenas con niños españoles huérfanos por la Guerra, 1937, Morelia, Michoacán, © Latinstock México; **p. 149:** los niños de Morelia en el comedor del asilo, 1937, Biblioteca de las Revoluciones de México del INEHRM, Archivo Fotográfico del INEHRM; **p. 150:** (izq) detalle gráfico de México 68 en *La gráfica del 68. Homenaje al Movimiento Estudiantil*, Ediciones Zurda-Escuela Nacional de Artes Plásticas UNAM-Sentido Contrario-Comisión Cultural de la UVYD19-ACADI, 1993, tercera edición, (ab.) cartel de ¡Libertad de expresión! en *La gráfica del 68. Homenaje al Movimiento Estudiantil*, Ediciones Zurda-Escuela Nacional de Artes Plásticas UNAM-Sentido Contrario-Comisión Cultural de la UVYD19-ACADI, 1993, tercera edición, p. 85; **p. 151:** *Manifestación de estudiantes en el Zócalo de la Ciudad de México*, 1968, IISUE/AHUNAM/fondo Manuel Gutiérrez Paredes "Mariachito"/MGP2411; **p. 152:** (arr.) marcha del silencio, 1968, IISUE/AHUNAM/fondo Manuel Gutiérrez Paredes "Mariachito"/MGP2908; **p. 153:** (arr.) *Mitin frente al edificio de rectoría de la UNAM*, 1968, IISUE/AHUNAM/Colección Universidad/Sección Movimientos estudiantiles/CU-4626-04; (ab.) 2 de octubre de 1968, Archivo General de la Nación; **pp. 158-159:** composición: fotografía de Heriberto Rodríguez/Archivo iconográfico DGMIE-SEP; fotografía de Raúl Barajas/Archivo iconográfico DGMIE-SEP; Banco de Imágenes Conabio; fotografías de Melitón/INAH; Archivo de la Cordinación General de Educación Intercultural y Bilingüe; © Latinstock México; Other Images; fotografía de Jordi Farré/Archivo iconográfico DGMIE-SEP; **p. 161:** *Ciudad de México*, © Raga José e Fuste/Photo Stock; **p. 162:** (izq.) trabajos de rescate, 1985, © Owen Franken/Latinstock México, (centro) el transbordador especial Discovery en una misión de rescate de satélite, 1984, © Photo Stock; (der.) Grupo de guerrilla Zapatista, 1994, © Keith Dannemiller/Latinstock México; **p. 163:** edificio del Distrito Federal en el zócalo de la ciuda de México vista desde el restaurante de la azotea del Hotel Majestic, 2010, GNU Free Documentation License, versión 1.2; **p. 164:** (izq) vista hacia av. Revolución, ciudad de México, fotografía de Esteban M. Luna / GNU Free Documentation License, versión 1.2; (der.) trabajos de rescate, 1985, © Owen Franken/Latinstock México; **p. 165:** (centro izq.) Gupo de guerrilla Zapatista, 1994, © Keith Dannemiller/Latinstock México; (centro der.) alumnos en computadora, fotografía de Francisco Palma; (ab.) edificio del Distrito Federal en el zócalo de la ciuda de México vista desde el restaurante de la azotea del Hotel Majestic, 2010, GNU Free Documentation License, versión 1.2; **p. 166:** billete de 5,000 pesos viejos, Banco de México; **p. 167:** Firma del Tratado de Libre Comercio, 1992, © Latinstock México; **p. 168:** (arr.) migrantes en el Cañón Zapata, rumbo al punto de cruce hacia Estaso Unidos, © D.R. Roberto Córdova-Leyva, Archivo de El Colegio de la Frontera Norte Tijuana, México, Archivo Colef, 1988; (ab.) tianguis en la Ciudad de México, © Randy Faris/Latinstock México; **p. 169:** (arr.) mujer lavando cerca de la bahía de Acapulco, *ca.* 2000, © Gideon Mendel/Latinstock México; (ab.) manifestación, ciudad de México, 2012, Manuel Castillo González/Latinstock México; **p. 170:** (arr.) Miguel de la Madrid, 1984, © Diego Goldberg/Latinstock México; (ab.) Carlos Salinas de Gortari, 1987, © Sergio Dorantes/Latinstock México; **p. 171** (arr. der.) Ernesto Zedillo Ponce de León, 1994, Washington, DC, Estados Unidos de Norteamérica, © Larry Downing/Latinstock México; (ab. izq.) Sesión Extraordinaria, 1 de julio de 2012, cortesía del Instituto Federal Electoral; (der.) soldados zapatistas, © Russell Gordon/Latinstock México; **p. 172:** (arr. izq.) Vicente Fox Quesada, 2000, © Keith Dannemiller/Latinstock México; (ab. izq.) Felipe Calderón Hinojosa, 2009, Suiza, © Peter Klaunzer/Latinstock México; (ab.) consulta ciudadana, cortesía Alianza Cívica; **p. 173:** (arr.) persona jugando, 2008, © Photo Stock; (ab.) aparato M p3, © Ruddy Gold/Photo Stock; **p. 174:** (arr. izq.) antenas de radio y transmisores de teléfonos móviles, © Günter Lenz/Photo Stock; (arr. der.) metro de la ciudad de Guadalajara, fotografía de Sergio Velasco y Tarcisio Amaral/Gobierno del estado de Jalisco; (ab. izq.) *DVD*, © Latinstock México; (ab. der.) metrobús de la Ciudad de México, fotografía de Salatiel Barragán Santos; **p. 175:** (arr. izq.) televisor, © Latinstock México; (arr. der.) monitor LCD para computadora, © Latinstock México; (centro izq.) audio casete, © Helene Rogers/Photo Stock; (centro der.) disco compacto, © Photo Stock (ab. izq.) teléfono, © Photo Stock; (ab. der.) *Teléfono celular*, © Holger Baumgärtner/Photo Stock; **p. 176:** tráfico vehicular, 2004, © Keith Dannemiller/Latinstock México; **p. 177:** (arr.) refinería de Pemex *"18 de marzo"* cerrada por contaminar, 1991, © Keith Dannemiller/Latinstock México; (ab.) hombres limpiando río por contaminación de petróleo, Villa Benito Juárez, Tabasco, © Keith Dannemiller/Latinstock México; **p. 178:** (arr.) Juan José Arreola, Archivo iconográfico DGMIE-SEP; (centro) el escritor mexicano Octavio Paz (1914-1998), Richard Franck Smith/ Latinstock México; (ab.) El escritor y premio Cervantes Carlos Fuentes, 2000, Madrid, España, © Oscar Moreno/Latinstock México; **p. 179:** (arr. der.) El poeta mexicano Pacheco, posa después de la ceremonia en la que recibió el "Premio Cervantes" *de Literatura de la Universidad de Alcalá de* Henares, 2010, © Susana Vera/Latinstock México; (centro, izq.) Festival de indios zoques, 2004, © René de Jesús/Latinstock México; (centro der.) Elena Poniatowska (1932), Premio Cervantes de Literatura 2013, Notimex; (ab. izq.) celebración del día de muertos, 2005, Pátzcuaro, Michoacán, © Mario Armas/Latinstock México; (ab. der.) Grupo musical Tigres del Norte, © Latinstock México; **p. 180:** (arr.) después del terremoto de la Ciudad de México, 1985, © Sergio Dorantes/Latinstock México; (ab.) Plan DN- III-E, durante la participación del ejército en el sismo de 1985, Secretaría de la Defensa Nacional, Dirección General de Comunicación Social; **p. 181:** (izq.) inundación en Villahermosa, Tabasco, 2010, © Luis López/Glowimages; (der.) Terremoto, Archivo General de la Nación, Concentrados 2 seccion 1465; **p. 182:** (izq.) escuela rural, Archivo General de la Nación, Fondo Hermanos Mayo; (der.) niños de una comunidad indígena en un barrio marginal de la ciudad de México, 2012, © Florian Kopp/Glowimages; **p. 183:** niños en salón de clase, fotografía de Heriberto Rodríguez/Archivo iconográfico DGMIE-SEP;

* Conaculta-INAH-Mex, reproducción autorizada por el Instituto Nacional de Antropología e Historia.

** Conaculta-INAH.Sinafo.FN.México.

# ¿Qué opinas de tu libro?

Tu opinión es importante para que podamos mejorar este libro de *Historia. Quinto Grado*. Marca con una palomita ✓ el espacio de la respuesta que mejor exprese lo que piensas.
Puedes escanear tus respuestas y enviarlas al correo electrónico librosdetexto@sep.gob.mx.

1. ¿Recibiste tu libro el primer día de clases?

   ☐ Sí                                  ☐ No

2. ¿Te gustó tu libro?

   ☐ Mucho              ☐ Regular              ☐ Poco

3. ¿Te gustaron las imágenes?

   ☐ Mucho              ☐ Regular              ☐ Poco

4. Las imágenes, ¿te ayudaron a entender las actividades?

   ☐ Mucho              ☐ Regular              ☐ Poco

5. Las instrucciones de las actividades, ¿fueron claras?

   ☐ Siempre            ☐ Casi siempre         ☐ Algunas veces

6. Además de los libros de texto que son tuyos, ¿hay otros libros en tu aula?

   ☐ Sí                                  ☐ No

7. ¿Tienes en tu casa libros que no sean los de texto gratuito?

   ☐ Sí                                  ☐ No

8. ¿Acostumbras leer los *Libros de Texto Gratuitos* con los adultos de tu casa?

   ☐ Sí                                  ☐ No

9. ¿Consultas los Libros del Rincón de la biblioteca de tu escuela?

   ☐ Sí                                  ☐ No

   ¿Por qué?: _____

   _____

10. Si tienes alguna sugerencia para mejorar este libro, o sobre los materiales educativos, escríbela aquí:

    _____

    _____

    _____

    _____

**¡Gracias por tu participación!**

**SEP**

SECRETARÍA DE
EDUCACIÓN PÚBLICA

**Dirección General Adjunta para la Articulación Curricular
de la Educación Básica**
Reforma 122, cuarto piso, col. Juárez,
delegación Cuauhtémoc, C. P. 06600,
México, D. F.

- - - - - - - - - - - - - - - - - - - - - - - - - - - - - -

Doblar aquí

## Datos generales

Entidad: _____

Escuela: _____

Turno:     Matutino ☐   Vespertino ☐   Escuela de tiempo completo ☐

Nombre del alumno: _____

Domicilio del alumno: _____

Grado: _____

- - - - - - - - - - - - - - - - - - - - - - - - - - - - - -

Doblar aquí

_____

_____

_____

_____

_____

_____

_____

_____